Christian Traugott Weinlig, Giovanni Battista Piranesi, Gian Paolo Panini, Johann Christian Jacob Friedrich

Briefe über Rom

Die Werke der Kunst, die öffentlichen Feste, Gebräuche und Sitten

Christian Traugott Weinlig, Giovanni Battista Piranesi, Gian Paolo Panini, Johann Christian Jacob Friedrich

Briefe über Rom
Die Werke der Kunst, die öffentlichen Feste, Gebräuche und Sitten

ISBN/EAN: 9783741168550

Hergestellt in Europa, USA, Kanada, Australien, Japan

Cover: Foto ©Andreas Hilbeck / pixelio.de

Manufactured and distributed by brebook publishing software (www.brebook.com)

Christian Traugott Weinlig, Giovanni Battista Piranesi, Gian Paolo Panini, Johann Christian Jacob Friedrich

Briefe über Rom

Briefe über Rom

verschiedenen

die Werke der Kunst,

die öffentlichen Feste, Gebräuche und Sitten

betreffenden Innhalts,

nach Anleitung der davon vorhandenen Prospecte

von Piranesi, Panini und andern berühmten Meistern,

von

Christian Traugott Weinlig,

Chfl. S. Ober-Bauamts-Zahlmeister, Mitglied der K. K. Academie zu Wien.

Zweyter Band.

Mit Kupfern.

Dresden,
in der Hilscherschen Buchhandlung. 1784.

Dreyzehenter Brief.

Rom, den 12. May 1768.

Mein Herr.

Sie wünschen im Ernst die Fortsetzung meiner Briefe? Dis ist in Wahrheit ein Wunsch, der Ihrem Eifer für Alles was Kunst ist, Ehre macht. Recht mit schwerem Herzen und innigem Gefühl meiner Zudringlichkeit habe ich schon mehr als einmal meine Packete nach der Post geschickt, und mir recht lebhaft dabey vorgestellt, wie beschwerlich Ihnen meine langen Episteln seyn müßten. Aber Ihr offenherziger Ton, mein Lieber, Ihre mir so interessanten Einwürfe und Anmerkungen, Ihre gütige Erinnerungen an verschiedene noch rückständige Versprechen, Alles dieses zusammen genommen berechtiget mich zu glauben, daß Sie meine Beschreibungen nicht ungern lesen. Wie viel Vergnügen, wie viel wahren Nutzen gewähren mir auf meiner Seite Ihre so lehrreichen Antworten nicht?

Mein Hauptstudium ist seit einigen Wochen die Rotonda, und ich denke Ihnen, bester Freund, von diesem in jeder Rücksicht merkwürdigen Gebäude mit der Zeit eine sehr genaue Beschreibung zu machen. Unter dem Geleite des großen Palladio, des Serlio und des sorgfältigen Desgodetz stelle ich über die den Alten ganz eigene Art ihre architektonischen Glieder zu ordnen, zu profiliren, und zu verzieren Untersuchungen an, die meine Mühe reichlich belohnen, und mir jene unnachahmlichen Meister täglich ehrwürdiger machen. Nur die gänzliche Vernachläßigung des Studiums der alten Monumente konnte verschiedene Baumeister in Rom zu einem so unbestimmten und magern Styl in der Baukunst herabsinken lassen. Wie bestimmt, wie geistreich, wie einnehmend und bezaubernd hingegen profilirten Bramante, Raphael und ihre Zeitgenossen? Das Studium der Alten allein hatte sie für jene himmlischen Eindrücke empfänglich gemacht. Aber schon ihre Schüler fiengen an jene Quellen der Kunst zu verlassen, und aus übelverstandnem Zutrauen in ihre Lehrmeister die Werke der letztern nachzuahmen. Sie wissen nur gar zu gut, mein Theuerster, wie entstellt das vortreflichste Original in einer fortgesetzten Reihe von Kopien erscheint. Der Schüler kopirte die Werke seines Meisters, wie dieser die Werke des seinigen kopirt hatte. Die Kunst zu profiliren ward nach und nach so unbestimmt und vernachläßigt,

nachläßigt, daß sie beynahe für ganz zufällig gehalten und dem Gutbefinden der Werkleute überlassen worden zu seyn scheint. Vielleicht trugen aber auch die systematischen Werke eines Vignola, Scamozzi, Branca und Andrer zu diesem Verfalle der Baukunst nicht wenig bey. Mit diesen Kompendien in der Hand befand man sich so wohl, daß man sich der mühsamen Arbeit gerne überhob, die Werke der Alten sorgfältig zu messen und zu zeichnen. Nun mußte der Geist der Alten vollends ganz von Leuten weichen, die ohne alle Erkenntniß der herrlichen Muster, die ihnen vor Augen lagen, sich erdreisteten, nach den einmal festgesetzten Regeln ihres Vignols, Säulen neben und übereinander zu setzen, ohne hierbey ein einziges mal auf den Gedanken zu kommen, daß diese Regeln wohl nicht auf jeden Umstand passend seyn dürften. Freilich mußten sie bald innen werden wie verdienstlos eine dergleichen Arbeit war, aber desto schlimmer! Dis erzeugte in ihnen eine Sucht nach neuen Erfindungen. Ihre von den geistreichen Ideen der Alten ganz entblößte Einbildungskraft säumte nicht deren eine Menge ans Licht zu bringen, welche, so ungereimt sie auch seyn mochten, ihre Eigenliebe doch gut hieß. Die Form und der ganze Karakter der Gebäude bekam nun wirklich ein auffallend neues Ansehen, und dieser dem Menschen angebohrne Hang nach neuen Erfindungen, und die daher entspringende Bequemlichkeit sehr frühzeitig als Meister aufzutreten, zeigte sich sogleich nach Wiederherstellung der alten Baukunst. Nach meinen Bemerkungen dürften überhaupt alle nach dieser merkwürdigen Epoche entstandene Gebäude in vier Klassen zu bringen seyn, die wenig Unterabtheilungen erlaubten. In die erste Klasse setze ich jene von den erstern Wiederherstellern des guten Geschmacks und der Kunst der Alten erfundene, in ihrer Art vortrefliche, nicht immer nach den vorzüglichsten Mustern der Alten und dabey zuweilen allzuängstlich nachgeahmte Werke von den Zeiten des großen Julius II.

Warum giengen ihre Nachkommen auf diesem Wege nicht fort? Warum ließen sie jene leidige Begierde nach Originalität sich verleiten, unverdauete und ausschweifende Ideen mit den Ideen der Alten zu verbinden? Aus diesem Quodlibet entstand die zwote Klasse von architektonischen Produktionen. Die dritte begreift jene wider alle Regeln der Alten und Neuern, bloß nach Eigendünkel, von einer ganz unvorbereiteten, und fast möchte ich sagen, bösartigen Phantasie ausgebrüteten Chimären unter sich, deren Urheber der berühmte Borromini seyn soll; und endlich gieng diesen drey Arten von Styl ein vierter beständig zur Seite, der aber in unserm achtzehenden Jahrhundert die übrigen fast alle verschlungen hätte. Man könnte ihn den regelrechten nennen. Regelmäßigkeit und Methode
schien

Dreyzehenter Brief.

schien denenjenigen, welche ihn ausübten, in Wahrheit nicht zu fehlen, nur die Natur schien bey Austheilung des zu Erfindung der Werke der Kunst unentbehrlichen Geschmacks ein wenig zu karg gegen sie gewesen zu seyn. Kalt und gefühllos suchten sie alle Fehler der Alten und Neuern sorgfältig zu vermeiden, und die Werke, welche sie aufstellten, nöthigen gewiß auch den strengsten Kritiker das Bekenntniß ab, daß sie zwischen Lobe und Tadel gerade in der Mitten stehen. Kenner und Nichtkenner gähnen, und nie ist eine Verlassenschaft richtiger vom Vater auf Sohn gekommen, als hier die Kälte des Erfinders auf jeden Anschauenden forterbt.

Vielleicht errathen Sie nunmehr, mein innigstgeliebter Freund, warum ich mich so sorgfältig um die Zeit der Erbauung der von mir beschriebenen Gebäude erkundigte. Wo ich nicht sehr irre, so dürfte meine Vermuthung von den Ursachen des Falles der Baukunst, durch Betrachtung der von Zeit zu Zeit entstandenen Gebäude eine Wahrscheinlichkeit erhalten, die fast an die Gewißheit grenzt.

Da ich hier bloß von Römischen Gebäuden spreche, so gedenke ich der Werke des so gelehrten als sinnreichen Vicentinischen Baumeisters Andreas Palladio nicht, die ich unter keine jener vier Klassen rechnen kann. Nach meiner Ueberzeugung verdient dieser große Mann den ersten Rang unter allen neuern Baumeistern. Seine im Vicentinischen Gebiete aufgeführten Werke so wohl als seine Schriften übertreffen alles, was in neuern Zeiten gelehrt und ausgeübt worden. Wie groß würde Palladio geworden seyn, wenn er zu den Zeiten Julius des II. gelebt hätte, wenn dieser erleuchtete und unternehmende Pabst diesem in seinem Vaterlande mit so vielen Hindernissen kämpfenden, und dabey mit den größten Meistern des Alterthums wetteifernden Genie Gelegenheit hätte geben können, seine großen Talente zu zeigen!

Der Platz Monte Cavallo, von welchem ich Ihnen, mein Freund, die Abbildung heute mitschicke, ist zu so verschiedenen Zeiten zusammen gebaut, daß selbst ein der Baukunst ganz Unkundiger den auffallenden Unterschied des Geschmacks innen werden muß. Ich weiß mir aber in der That keine mit Gebäuden umgebene Gegend mahlerischer zu denken, als diesen äußerst unregelmäßigen Platz, und bald könnte der Anblick desselben mich zu einer Ketzerey verleiten, die mir von so manchen orthodoxen Baumeister weder in diesem noch in jenem Leben vergeben werden dürfte. Sollte wohl eine so sehr ausstudirte Regelmäßigkeit bey einem großen Umfang von Gebäuden weniger verwerflich seyn, als in den Gartenanlagen des berühmten Le Notre? Wie sehr die Alten wenigstens einer ängstlichen Symmetrie auszuweichen suchten, beweiset das Forum Romanum, gesetzt auch, daß man die Villa Hadrians nicht als einen Beweis gelten lassen wollte. Unter dieser Regelmäßigkeit oder Symmetrie verstehe ich aber nicht allein die Gleichförmigkeit der Gebäude in sich selbst, sondern auch die Einförmigkeit der Plane aller Gebäude, die einen großen Platz umgeben, zusammen. Alle öffentliche Plätze in Paris, die von einiger Bedeutung sind, verlieren das Interessante über ihre Symmetrie, und haben ganz das traurige Ansehen von Kloster= oder Kasernenhöfen. Wo ist aber der Römische Platz, von dem man das sagen könnte? Selbst der Platz vor S. Peter, der seiner Anlage gemäß symmetrisch und regelmäßig seyn muß, wird durch die bey jedem Schritt abwechselnden unendlich mannichfaltigen Durchsichten der ihn einschließenden Kolonaden, und durch die über diese letztern in ungleicher Höhe und nach verschiedenen Planen sich erhebenden Gebäude, äußerst reizend und mahlerisch.

Aber wieder auf unsern Platz zu kommen; Sollten nicht die auf demselben errichteten zwo kolossalischen Gruppen ihre Aufmerksamkeit so sehr auf sich ziehen, als sie mir bey dem ersten Anschauen Bewunderung und Beyfall abnöthigten? Laut der an diesen Gruppen annoch befindlichen wirklich alten Innschriften sollen sie Werke des Praxiteles und Phidias seyn. Mit Recht zweifeln die Alterthumskundigen an der Wahrheit dieser Innschriften, ich aber für meine Person fühle mehr Beruf in mir ihren herrlichen Effekt zu bewundern, als mich in jene Behauptungen zu mischen. Sixtus V. ließ beyde aus den Quirinalischen Bädern des Kaisers Constantin des Großen hierher versetzen. Das Pferd zur Rechten war sehr beschädiget, und hat dahero viele neue Ergänzungen erhalten müssen. Daß diese Gruppen ihr Daseyn großen Meistern zu danken haben ist gewiß, doch hält man die menschlichen Figuren für weit schöner als die Pferde, aber vielleicht hatten die Alten andre Grundsätze in Ansehung der Schönheit der Pferde als wir. Wenigstens scheinen sie in Werken der Kunst ihre Pferde allemal nach einem kleinern Maaßstabe als die menschlichen Figuren gehalten zu haben.

Diese beyden Gruppen haben dem Platze vor dem Päbstlichen Pallast den Namen Monte Cavallo gegeben, welcher die Oberfläche des Monte Quirinale zum Theil einnimmt, und seiner hohen Lage wegen und der reinen gesunden Luft, für ein der gesundesten Quartiere oder Regionen der Stadt Rom gehalten wird.

Schon die Auffahrt zu diesem Platze erweckte in mir eine gewisse Ehrfurcht, die man empfindet, wenn man sich der Residenz eines großen Fürsten nähert, und ich hatte um so viel mehr Ursache auf meine Empfindung aufmerksam zu werden,

Dreyzehenter Brief.

werden, da ich diesen Weg zum erstenmal mit einem Fremden machte, der so wenig als ich vorher wußte wohin uns unser Weg führte. Denn da sich diese Auffahrt um den Berg herum beweget, um das Steigen derselben gemächlicher zu machen, so entdeckt sich dieser Platz und der dem Ankommenden im Grunde desselben entgegenstehende Päbstliche Pallast nicht eher, als bis man den Berg ganz erstiegen hat. Unsre Erwartungen, so groß sie auch waren, wurden bey den reizenden Anblick dieser romantischen Gegend noch übertroffen, als wir neben dem Päbstlichen Stall und der Hauptwacht der Garde zu Fuß hier anlangten. Sie erblicken dieses Gebäude auf dem Kupfer zu ihrer Linken, und diese lieben Männer in einer ihnen ganz unangemessenen Ordnung aufmarschirt. Den Eingang dieses Wachthauses bekrönen Armaturen in dem übelsten Geschmack zusammen gesetzt. Ueberhaupt ist die ganze Komposition dieser Ställe sehr schwach und geschmacklos, und kontrastirt bis zum Widerwillen mit dem gegen über gelegenen Pallaste. Verschiedene nähere Seitenaufgänge können, weil sie enge und steil sind, nur von Fußgängern begangen werden. Im Mittel einer dieser engen Gassen, welche mit stuffenähnlichen Absätzen von Zeit zu Zeit versehen war, traf ich noch überdis große Steine, gleich unsern Ecksteinen hingestellt, an. Dies schien mir auf einem Wege, wo das Fahren der Wagen ohnedem gar nicht thunlich schien, eine mir ganz unbegreiflich weit ausgedehnte Vorsicht der Römischen Policey zu seyn. Einer meiner Tischgenossen aber erzählte mir folgende angebliche Veranlaßung darzu.

Da Benediktus XIV. den Päbstlichen Stuhl bestiegen hatte, geriethen der Kaiserliche und der Französische Gesandten in einen lebhaften Streit, welcher von beyden bey dem neuen Pabst zuerst zur Audienz gelangen sollte. Sie wendeten sich am Ende an den Pabst selbst, der, um allen Verdrüßlichkeiten auszuweichen, erklärte, daß der zuerst Ankommende zuerst zur Audienz gelassen werden sollte. Beyde waren nunmehro darauf bedacht einander den Vorsprung abzugewinnen, und da sie einander genau beobachten ließen, so konnte es nicht fehlen, daß beyde zugleich aus ihren Palläsen abfuhren. Der Kaiserliche Gesandte, welcher dem Päbstlichen Pallast etwas näher wohnte, schien wirklich den Vortritt abgewonnen zu haben, beyde fuhren hinter einander den Corso hinauf, über den Platz degli Apostoli hinweg, und dieser den geraden Weg den Monte Magnanapoli hinauf. Aber mit welchem Erstaunen erblickte er die Equipagen seines Nebenbuhlers, die er noch hinter sich zu haben glaubte, vor dem Portal des Päbstlichen Pallasts, da er auf dem Monte Cavallo anlangte. Dieser war wohlbedächtig einige Zeit hinter jenem hergefahren, hatte aber auf dem

Platze degli Apostoli, die von mir bemerkte kleine Straße neben den Gärten des Prinzen Colonna genommen, und seine großen Karossen durch eine Menge bereit stehender Pferde und Menschen glücklich auf die Anhöhe hinauf bringen lassen, und da wären denn, um allen künftigen Wiederholungen dieses Einfalls zuvorzukommen, jene Steine gesetzt worden.

Aber lassen Sie uns nunmehro den Päbstlichen Pallast, der an diesen Platz anstößt, näher mit einander betrachten. Die Hauptansicht dieses großen Pallasts befindet sich nach der Strada Pia, welche von Monte Cavallo bis zur Porta Pia in gerader Linie fortgeht, und sowohl in Ansehung ihrer Länge als verschiedener überaus wichtigen Gebäude wegen, die an selbige anstoßen, eine der merkwürdigsten Straßen von Rom ist. Nach dieser Straße zu ist das Hauptportal dieses Pallastes angebracht. Der gewöhnlichste Aus= und Eingang in denselben aber geschiehet durch das gegen den Platz angebrachte Seitenportal, der Pabst selbst pflegt durch dieses ein= und auszufahren, und die Kardinäle und Gesandten steigen vor diesem Portal ab. Im Ganzen genommen scheint mir dieser Pallast der Würde des Fürsten der ihn bewohnt zu entsprechen, unter andern Umständen könnte er vielleicht allzu ernsthaft, und in seinem Plan gar zu einförmig seyn. Diejenigen Gebäude, welche den Pallast eigentlich ausmachen, nehmen ein ablanges Viereck ein, in dessen Mittel ein Hof von ansehnlicher Länge und Breite, mit offenen Bogengängen umgeben, sich befindet. Außer diesen Gebäuden gehen so wohl längst der Strada Pia als auf den Monte Cavallo Flügel von sehr beträchtlichen Umfange fort, die von der Päbstlichen Hofstatt bewohnt werden, und zu dem Pallast im engern Verstand nicht gerechnet werden können.

Paul III. soll gegen das Mittel des sechszehenten Jahrhunderts angefangen haben hier eine Residenz für sich und seine Nachfolger zu erbauen. Die erhabene und angenehme Lage und die vortreflichen Aussichten über die Stadt bewogen ihm diesen Platz zu erwählen. Gregorius XIII. Sixtus V. und die ihnen nachfolgenden Päbste erweiterten diesen Pallast immer mehr. Die vornehmsten Baumeister desselben waren Flaminius Ponzio, Oktavianus Mascherino, Dominikus Fontana, Karl Maderno, Bernini und Ferdinand Fuga. Wie verschieden der Geschmack so mancherley einander folgenden Baumeister auf dieses Gebäude gewirket, können Sie sich leicht vorstellen. Die vortreflichsten des Alterthums würdigen Ideen und Profile, neben den seltsamsten und abentheuerlichsten Erscheinungen. Vorzüglich schön ist der das ganze Gebäude rings umher bekrönende Hauptsimmß, so wohl in Ansehung seines Verhältnisses gegen das ganze Gebäude, als seiner wohlgeordneten und schön profilirten Glieder. Die Anordnung

Dreyzehender Brief.

nung und Verzierung der Fenster darunter sind bey weiten nicht so glücklich ausgefallen, und in Vergleichung mit jenem Simmß schwer, und übelgewählte Vorsprünge daran angebracht. Mascherino erbauete die über dem Hauptgebäude nach der Strada Pia sich erhebende Loggia, welche sowohl der ganzen Vorderseite ein schönes Ansehen giebt, als auch wegen der wunderschönen Aussicht merkwürdig ist. Der nach dem Platze zu an den Pallast anstehende alte Gothische Thurm muß wohl schon vor Alters dagestanden haben, und selbst die Ursache der Erhaltung desselben ist für mich unerklärlich. Inzwischen giebt er sowohl dem Platze als dem Pallast selbst ein recht romantisches Ansehen. Bey Sollenitäten wird auf diesem Thurm eine Fahne aufgepflanzt, bey welcher einige Schweitzer Wacht halten. Das hinter diesem dem Abhange des Berges nach sich fortbewegende lange Gebäude ist zu Wohnungen für die Päbstliche Hofstatt bestimmt.

Unsre Betrachtungen führen uns, mein Theurester, nunmehro in das Innere des Quirinalischen Pallastes, in welches wir durch das nach dem Platz gelegene Seitenportal gelangen. Dieses Portal ist von dem berühmten Bernini angegeben und ausgeführt worden, macht aber in Wahrheit seinen übrigen Verdiensten um die Baukunst wenig Ehre. Von dem Balkon darüber ertheilt der Pabst an gewißen hohen Festen die Benediktion. Der innere viereckige Hof hält in der Länge dreyhundert und etliche zwanzig Fuß, und hundert und vier und sechzig in der Breite. Er ist in dem Parterre rings herum mit Bogenstellungen und offenen Gängen umgeben, an dem Stockwerk darüber aber sind Fenster angebracht. Im Grunde dieses Hofes dem Hauptportal nach der Strada pia gegen über erhebt sich eine Attike oder Art von Thurm, an welchem ein Bild der Madonna in mosaischer Arbeit, darüber aber ein Zifferblatt und die hierzu gehörigen Seigerschellen angebracht sind, von Seiten der Baukunst eben nicht sehr merkwürdig. Zu dem obern Stockwerk führt eine schöne und überaus bequeme Treppe, in dem jenseitigen Seitenflügel des Pallastes. Die Säle und Zimmer sind zahlreich, groß und prächtig, und es befinden sich hier viele schöne Gemälde und Stuckaturarbeiten, inzwischen kommen diese Zimmer an innern Werth und in Ansehung der unbeschreiblichen Seltenheiten denen Zimmern im Vatikanischen Pallast bey weiten nicht bey. Sie werden in verschiedene Apartamenti eingetheilt, von welchen ich zuerst in die Apartamenti Pontificii, welche der Pabst selbst bewohnt, geführt wurde. Der große Saal, in welchem öffentliches Konsistorium gehalten wird, macht hier den Anfang und ist von ansehnlicher Größe. An dem Platfond ist ein großes perspektivisches Gemälde von Agostino Taßi und an den Wänden Cartons von Andreas Sacchi, Pietro da Cortona und Ciro Ferri, welche zu der inwendigen Kuppel von S. Peter gemacht worden. Die darauf folgende Privatkapelle ist in Form eines Griechischen Kreuzes und von Guido Roni und Albani ausgemalt. Die Zimmer des Pabsts sind gegen den Garten gelegen und mit vielen Fresco und andern Mahlereyen, ausgeziert. In dem Apartement Gregorius des XIII. sind viele Zimmer mit vergoldeten Decken, und Friesen vom Ritter Arpino, welcher in einer hier wieder anzutreffenden Kapelle verschiedene Gegenstände aus der Geschichte des heiligen Gregorius Magnus gemalt hat. Von hier kommt man in eine kleine Gallerie, die Urban VIII. anlegen und mit Abbildungen von seinen Gebäuden, schönen Prospekten, und Landschaften ausmalen lassen. Einige andre Zimmer führen in die gegen den Platz gelegene große Gallerie. Sie hat zu beyden Seiten, so wohl nach dem Platz als nach dem Hofe zu Fenster, an deren Schäften biblische Historien von einem gewissen Teutschen Paul Scor und seinem Bruder Egidius Scor, Canini, Franciscus Bolognese, Chiari, Mola und andern nicht sehr berühmten Meistern angebracht sind. Das vorzüglichste darunter ist von Ciro Ferri, ein Vorzug, der weder dieses noch die übrigen sehr merkwürdig macht. Die Decke in dieser Gallerie ist sehr reich an Stuck und Zierrathen. Benediktus XIV. hat hier eine Menge Vasen von Chinesischen Porcellan auf Postamente und Konsolen aufstellen lassen. In dem Apartement der Kapelle, welches nach der Strada Pia heraus liegt, werden verschiedene schöne Gemälde gezeigt, und unter andern ein kleines Zimmer nach dem Balkon heraus, welches von Hannibal Caracci ausgemalt ist. Die hier gelegene Sala Reggia hat eine sehr prächtige Decke und einen marmornen Fußboden, in der Friese befinden sich verschiedene Geschichten aus dem alten Testamente gemalt, das übrige ist mit rothen Sammt ausgeschlagen. Hier befindet sich auch unter andern Gemälden das Original von dem berühmten Stück des Quercino in der Peterskirche, die heilige Petronilla. Aus diesem Saal gelangt man in die Kapella Papale. Diese in Wahrheit große Kapelle hat ein Gewölbe von Algardi, mehr reich als schön verziert, und der Fußboden ist mit Marmor belegt. Das Chor, in welchem die Kardinäle ihre Chorstühle haben, ist von der übrigen Kapelle durch ein Gitter abgesondert. Der Altar ist, sechs schöne Leuchter ausgenommen, ohne alle Zierrathen. Wenn der Pabst Kapelle hält, so werden die Wände mit carmoisin farbenem Damast und goldnen Tressen behangen. — Von da gelangt man wieder auf die große Treppe, auf welcher wir herauf gekommen waren. Eine Menge Innschriften, die so wohl in diesem Pallast als in den daran stoßenden Gärten auf Marmortafeln angetroffen werden, geben Nachricht von den Erweiterungen und Verschönerungen, welche nach und nach entstanden sind.

Der

Vierzehenter Brief.

Der Umfang dieser Gärten zeigt von der Größe ihres Besitzers, ihrer Anlage nach aber gleichen sie eher einem großen Küchengarten als den Gärten des Oberhaupts von Rom. Gerade einander winkelrecht durchkreuzende Gänge theilen sie in eine Menge viereckige Felder ein, die mit niedrigen Hecken umgeben sind. Eine zahlreiche Sammlung von seltnen Pflanzen, die hier angetroffen werden sollen, würden auf einen Botanikus und Gärtner freylich mehr Wirkung thun als auf mich. Benediktus XIV. hat ein kleines Gebäude in diesem Garten anlegen lassen, welches die Römer das Kaffeehaus dieses Pabstes zu nennen pflegen. Es besteht aus einem kleinen Saal und zweyen Kabinetten. Eines dieser letztern hat der noch jeztlebende verdienstvolle Pompeo Battoni ausgemahlt; in dem andern aber befinden sich zween überaus schöne Prospekte von Panini, deren einer S. Maria Maggiore, der andre aber den Monte Cavallo vorstellen. In diesem Pavillon haben die Päbste, um das Ceremoniel zu vermeiden, verschiedne gekrönte Häupter aufgenommen. Die Grotten und Springbrunnen sind sehenswerth und zahlreich, wenn man auch wider das zuweilen zu sehr gekünstelte daran Einwendungen machen wollte. Unter diesen Wasserkünsten sprach mein Cicerone am beredtesten von einer sogenannten Wasserorgel. Diese Orgel ist in einer mit Felsen umgebenen Grotte angebracht, und besteht, wie jede andre Orgel, aus zinnernen Pfeifen. Das Wasser treibt eine inwendig angebrachte Walze, vermittelst welcher sie verschiedene Stücken spielt. Die Klaves bewegen sich dabey als wenn darauf gespielt würde. Ich meines Orts würde selbige entweder ganz weggelassen oder versteckt haben, um die Sache noch mysteriöser zu machen. Verschiedene antike Statuen von hohen Werth, unter denen jedoch keine vom ersten Range befindlich, sind hier und da in diesen Gärten aufgestellt, und die Mauern, welche nach Art der Festungsmauern mit Bastionen dieselben umgeben, formiren nach dem Abhange des Quirinalischen Berges recht anmuthige Terrassen.

Ein langer Brief, werden Sie sagen, und immer noch keine Antwort auf die meinigen! Ich verspreche Ihnen aber, mein Theuerster, mit dem ersten Packet über einen Theil Ihrer Anmerkungen meine Erklärungen. Bis dahin müssen Sie sich schon gedulten, und das wird, wie Sie aus Erfahrung wissen, nicht lange seyn. —

Vierzehnter Brief.

Rom, den 25. May 1768.

Sie müssen, mein Theuerster, bereits zu verschiedenen Malen gewahr worden seyn, daß ich manche seltsame Ideen und auffallende Fehler wider die ersten Grundsätze der Baukunst ganz und gar mit Stillschweigen übergehe. Ich finde die Betrachtung und Beurtheilung dieser Dinge so wenig unterrichtend, und das Verdienst meine Begleiter besonders aber Sie darauf aufmerksam zu machen, so zweydeutig, daß ich Ursache habe es für eine Albernheit anzusehen, wenn ich mich bey Ungereimtheiten aufhielte, von denen ich überzeugt seyn sollte, daß sie jeder andre ohne meine Erklärung einsehen kann. Wer sich mit einer beruhigenden Selbstzufriedenheit über andrer Fehler lustig machen kann, und seine eignen Werke nur in Vergleichung mit andern nach seiner Meynung schlechtern schön findet, der, dünkt mich, hat noch keine großen Schritte in seiner Kunst gemacht. Dasjenige aber, wo der Scharfsinn großer Männer die gemeinen Regeln bey Seite gesetzt, und großen Effekt der Schulgelehrsamkeit vorgezogen, werde ich nicht leicht unbemerkt vorbey lassen, so bald sich meine Einsichten bis zu dessen Entdeckung erstreckt haben. Hier fällt mir auf einmal der verzweifelte Gedanke ein, daß Sie, mein Bester, mit allem Recht mich fragen dürften, in welchem Autor denn die eben von mir erwehnten Regeln und Grundsätze der Baukunst anzutreffen sind, und worauf sie sich denn eigentlich gründen? In Wahrheit ich schäme mich, daß ich nach einem Studium von mehr als zehen Jahren und bey meiner Bekanntschaft mit vielen Schriftstellern über die Baukunst, zu bekennen mich genöthiget sehe, daß ich unter allen keinen zu nennen vermag, von dem ich überzeugt seyn könnte, daß er Ihnen Gnüge leisten würde. Ich habe in allen diesen Schriften immer von Regeln gelesen, auch wie dieses oder jenes wider diese oder jene Regel gehandelt sey, und was noch mehr ist, Regeln als gewiß aus-ausgemacht angeführt gefunden, von deren Richtigkeit ich mich leider bis auf den heutigen Tag noch nicht überzeugen kann. Diese Regeln aber sind in allen architektonischen Werken so zerstreut, und zum Theil so unerwiesen, daß sie jeder nach seiner Phantasie auszulegen vermag. Da ich aber doch auch nicht gerne wollte, daß Sie, liebster Freund, am Ende gar auf die Gedanken kämen, als ob ich bey meinen Beobachtungen, und demjenigen was ich selbst erfinde, ohne Regeln

und

Vierzehender Brief.

und Grundsätze zu Werke gienge, so will ich Ihnen mein Glaubensbekänntniß über diesen delikaten Punkt kürzlich vortragen.

Nach langem Nachdenken und daher erlangter Ueberzeugung theile ich alle sorgfältig von mir gesammelte Regeln in drey Arten. Die erste derselben begreift diejenigen in sich, welche die Festigkeit eines Gebäudes und die nothwendige Bestimmung jeden Theils desselben an die Hand geben, und unter allen die ausgemachtesten sind. Hierunter gehören die Regeln: das Leichte auf das Schwere zu setzen, und nicht umgekehrt zu verfahren; jeder Last einen sichern Aufstand zu geben, und sie nicht auf das Hohle zu setzen; das Dach eines Gebäudes abhängig zu machen, und mehrere dergleichen.

Unter der zwoten Art von Regeln verstehe ich diejenigen, welche an sich willkührlich sind, durch die Beyspiele der Alten und durch die Genehmigung der neuern Baumeister aber ihre Autorität erhalten haben, als: Der Gebrauch die Metopen genau so hoch als breit zu machen; In der Dorischen Friese und nicht in den Friesen der andern Säulenordnungen Triglyphen anzubringen; Die Höhe der Base der Säulen durch alle Ordnungen den halben Durchmesser der Säule gleich zu machen, und so weiter. Daß diese Regeln Abänderungen leiden, bringt ihre eigene Natur schon mit sich.

Die dritte Art von Regeln hat Pedanterey und Eigendünkel ersonnen, und sie können nur unter gewissen Bedingungen statt finden. Unter diese rechne ich die von den Schriftstellern des sechszehenden Jahrhunderts für jede Ordnung festgesetzten Höhen der Säulen, ihre nach einer falsch verstandenen Stelle Vitruvs für jede Ordnung bestimmten Säulenweiten, die seltsame Art, die Säulen bis zum dritten Theil perpendicular zu machen, und von da deren Verjüngung anfangen zu lassen, und eine Menge dergleichen Regeln mehr, welchen die berühmtesten Beyspiele der Alten widersprechen, deren Ungrund zum Theil aus der gesunden Vernunft erweislich ist.

Die Kunst war gewiß eher vorhanden als ihre Regeln. Schon waren Gebäude und sehr wichtige Monumente aufgeführt, ehe man an bestimmte Regeln denken konnte. Eine durch gelungne und mißlungne Versuche erlangte Erfahrung setzte die Baumeister in den Stand, Regeln zu abstrahiren.

Die Wahrheit oder Falschheit dieser Regeln zu beweisen, muß nothwendiger Weise eine gewisse festgesetzte und keinen Widersprüchen unterworfene Grundursache vorausgesetzt werden, aus welcher sie herzuleiten und zu bestimmen sind.

Diese

Diese Grundursache kann ich mir in nichts anders als in der besten mit Scharfsinn und Geschmack geordneten, und durch Erfahrung bewährten Anwendung der zum Bauen nach und nach in Gebrauch gekommenen Materialien, wie selbige ihrer Form und Natur nach möglich ist, denken.

Scharfsinn und gesunde Beurtheilungskraft gehören unstreitig darzu die beste Anordnung bey Anwendung der Baumaterialien so wohl in Rücksicht ihrer selbst, als in Erwägung des jeder Art von Gebäuden nothwendigen Karakters, ihrer Bestimmung und Bequemlichkeit zu erwählen. Der gute Geschmack muß uns die von den Alten so glücklich erfundenen und bis auf unsre Zeiten gekommenen Verhältnisse und Verzierungen recht benutzen lehren. Ohne Erfahrung aber würden wir niemals die Natur jeder Art von Baumaterialien zu erkennen und sie mit Vortheil anzuwenden im Stande seyn.

Holz und Stein sind diejenigen von diesen letztern, welche hierbey vor allen andern in Betrachtung gezogen werden können. Sie machen nicht nur die Hauptmassen jeden Gebäudes aus, sondern bestimmen so gar größtentheils die Form jeden Gebäudes, von welcher Art es auch seyn mag.

Die Holzbaukunst ist nach ihrer innerlichen Einrichtung und zum Theil nothwendigen Verbindung vor andern bestimmter Regeln fähig, und durch die Uebereinstimmung alter und neuerer Baumeister, haben diese auch einen gewissen Grad der Zuverläßigkeit erlangt. Alle Regeln der von den Griechen bis auf unsre Zeiten gekommenen Säulenordnungen müssen aus dieser hergeleitet werden, und derjenige Schriftsteller, welcher die Nachahmung der Holzbaukunst in Werken von Stein für widersinnig und für eine beständige schöne Lüge erklärt, nimmt uns auf einmal eine der glücklichsten Erfindungen, unsern Gebäuden ein großes und edles Ansehen zu geben; eine Erfindung, die schwerlich durch eine neue gleichglückliche ersetzt werden möchte. So lange aber diese nicht wirklich erscheint, müssen die Regeln der Baukunst in Stein schwankend und unbestimmt bleiben, einige wenige, welche die allgemein für schön erkannten und angenommenen Verhältnisse, und die Festigkeit und Dauerhaftigkeit der Gebäude betreffen, ausgenommen. Der Stein, der seiner Natur nach fast alle nur erdenkliche Formen annehmen kann, an sich selbst aber keine bestimmte Form hat, macht festgesetzte Regeln beynahe unmöglich. Ein Umstand, der meinen ersten Grundsatz zu beweisen scheint.

Gesetzt

Vierzehnter Brief.

Gesetzt aber, daß jener freylich nicht ganz zu widerlegenden Widersprüche ungeachtet, die in sich selbst so schöne und allen nach und nach eingeschlichenen andern Bauarten und Abweichungen zum Trotz immer wieder mit neuen Beyfall aufgenommene Griechische Baukunst allzeit die vorzüglichste bleiben sollte, wie dieses sehr wahrscheinlich ist; So wird die Ausübung derselben, so bald sie in Stein geschieht, ausgedehntere Regeln und mit Verstand und Geschmack angebrachte Abweichungen erlauben, die aus guten Gründen gerechtfertiget werden können.

Nach diesen Grundsätzen, mein Freund, stelle ich meine Betrachtungen über die Werke der Baukunst an, und da ich mich nicht erinnere jene Grundursache aller architektonischen Regeln von einem mir bekannten Schriftsteller angeführt gefunden zu haben, so hielt ich mich für verbunden Ihnen dieselbe bekannt zu machen, und Sie hierdurch in den Stand zu setzen, von der Wahrheit oder Falschheit derselben, und von dem Werthe meiner Anmerkungen selbst zu urtheilen. Durch diese Grundsätze hoffe ich mich wegen der bey Beschreibung der Kolonade vor S. Peter mit so vieler Zuversicht gewagten Behauptung zu rechtfertigen, daß Bernini bey Anlegung derselben, aller scheinbaren Unregelmäßigkeit ungeachtet, mit weiser Ueberlegung zu Werke gegangen sey. *)

Einige Baumeister des sechszehenten Jahrhunderts haben in ihren Schriften, und mit ihnen Perrault, der Französische Uebersetzer und Ausleger der Werke Vitruvs, die von Vitruv angegebenen Zwischenweiten der Säulen auf die von ihnen angenommenen fünf Säulenordnungen anzuwenden für gut befunden, da doch jene Stelle Vitruvs, **) die sie für ihre Meynung anführen, ganz unwidersprechlich die Jonische Säulenordnung ganz allein angeht.

Der große François Blondel ***) hat dieses aus mehr als einem Grunde erwiesen, †) und Le Roy in seinen Monuments de la Grece fällt der Meynung jenes großen Mannes nicht nur bey, sondern bekräftiget dieselbe noch überdem durch

---

*) Im ersten Band dieser Briefe pag. 54.   **) Lib. III. c. 2.
***) Dieser gelehrte Mann lebte unter der Regierung Ludwig des XIV. und hat wegen seiner ausgebreiteten Gelehrsamkeit und Verdienste um die Baukunst von allen neuern Baumeistern den Namen des Großen erhalten. Er muß nicht mit zween andern Baumeistern gleiches Namens verwechselt werden, deren ersterer im Jahr 1756. der andre aber den 9. Januar 1774. gestorben.
†) Cours d'Architecture Partie II. ch. 2. p. 5.   Partie III. ch. 2. p. 183.

durch drey merkwürdige Beyspiele an dem Tempel des Erechtheus zu Athen, *) welche augenscheinlich beweisen, daß die Griechen eine Generalregel gehabt, nach welcher sie die Verhältnisse der Höhe der Säulen gegen ihre Zwischenweiten bestimmten. Aus allen diesen erhellet, daß je näher die Säulen einander zu stehen kommen, je mehr sie an Höhe zunehmen, je kürzer oder von stärkerem Durchmesser erscheinen sie, wenn ihre Zwischenweiten sich vergrößern. Ungeachtet es nun aus den von jenen verdienten Männern erwiesenen Gründen ausgemacht ist, daß in der angeführten Stelle Vitruvs keine andre als die Jonische Ordnung zu verstehen sey, so sehe ich doch nicht ein, warum diese in den Regeln der Mechanik und Optik gegründete Lehre nicht auch eben so gut auf die übrigen Säulenordnungen anzuwenden seyn sollte, so gern ich gestehe, daß diese Anwendung in Ansehung der Triglyphen bey der Dorischen, und der Modillonen bey der Korinthischen und Römischen mit mehrern Schwierigkeiten verbunden ist. Ich getraue mir dieses um so mehr zu behaupten, da Vitruv an einem andern Orte **) eines Dorischen Diastylos, Systilos und Monotriglyphos gedenkt.

Ich würde Ihre Gedult mißbrauchen, mein Bester, wenn ich von allem diesem, was ich Ihnen da erzählt habe, eine Anwendung auf die Kolonade des Bernini machen wollte, die nun ohne weitere Erklärung von selbst einleuchtend ist.

Wollten Sie mich allenfalls noch fragen, wie ich den Einfall des Bernini vertheidigen könnte, daß er über die Dorischen Säulen das Jonische Gebälke angebracht, so antworte ich Ihnen ohne Umschweife, daß ich die hier angebrachten Säulen für Dorische zu erkennen Bedenken trage. Ich nehme sie vor Kompositen, für die ich die neuere Dorische Ordnung, wie sie uns Vignola und einige andere lehren, überhaupt anzusehen mich berechtiget glaube. Mehrere Beyspiele zeigen uns, daß die Römer ihre Erfinder waren, weder die Griechen noch Vitruv kannten dieselbe. Es ist also wirklich gleichgültig das Dorische oder Jonische Gebälke darüber anzubringen, ja ich möchte fast behaupten, daß nach der Eleganz, mit welcher sie in neuern Zeiten behandelt wird, dieses letztere ihr angemessener als jenes seyn möchte. Laugier führt ein Beyspiel an, ***) wo über Korinthischen Säulen eine Korinthische Architrave, eine Dorische Friese, und eine Jonische Kornische angebracht erscheinen. Ce Composite est tres beau, beliebt es ihm zu sagen, parcequ'il réunit les richesses des trois Ordres. Dies ist für mich zu starke

---

*) Mon. de la Grece, P. II. p. 15. und 16.   **) L. IV. c. 3.
***) Essai sur l'Architecture, p. 99.

Vierzehnter Brief.

ſtarke Speiſe, und, irre ich mich nicht, ſo dürften Sie dieſen Ausſpruch wohl eben ſo ſonderbar finden.

Ich ſehe wohl, daß ich meine Zeit größtentheils verſchwatzt habe. Allein über das Kupferblatt, das ich Ihnen heute mitſchicke, blieb mir nach dem, was Sie in meinen vorhergehenden Briefen ſchon davon geleſen haben, Ihnen wenig zu ſagen übrig, und die Ablegung meines Bekenntniſſes lag mir ſchon lange auf dem Herzen. Alſo nur noch zwey Worte von dem Kupfer, das Ihnen die königliche Treppe im Vatican darſtellt. Ihr Anſehen und Anlage iſt in Wahrheit königlich, und könnte man auch mit Recht verſchiedenes daran tadeln, ſo erſetzt doch der große Effekt, den ſie hervorbringt, alle zum Theil nothwendigen Fehler. Unter dieſe rechne ich aber die über den Aufgang angebrachten Figuren und Schnirkelwerk nicht. So oft ich dieſe prächtige Treppe betrachte, ſo ſteigt auch der Gedanke in mir auf, ob ſie nicht majeſtätiſcher ausfallen würde, wenn die Säulen gar nicht da wären, und die Stuffen die ganze Breite des äußern großen Bogens einnähmen. Was? höre ich Sie ausruffen, in dieſem Falle hört ſie ja auf einmal auf das zu ſeyn was ſie wirklich iſt! und überdem gehen ja die Stuffen bis an die äußern Seitenwände fort! Eben dieſer Umſtand, liebſter Freund, bringt mich auf den Gedanken, daß mir die Säulen hier nur im Wege zu ſtehen ſcheinen. Wenigſtens hat es, wie mich dünkt, das Anſehen, als wenn ſie erſt nach der Hand zu mehrerer Verſchönerung auf die Stuffen geſetzt wären, und daß der Baumeiſter bey ſeinem erſten Entwurf ſelbige anzubringen nicht gemeynet geweſen ſey. Dieſes erweckt in mir den Begriff von einer zu allem Ueberfluß hinzugekommenen Dekoration, und in Werken des Geſchmacks iſt mir dieſer Begriff unausſtehlich. Doch behalten Sie dis ja für ſich, mein Theuerſter, man möchte mir die unter guten Freunden erlaubte Aufrichtigkeit ſonſt für übertriebene Spitzfindigkeit auslegen.

Noch eins, beſter Freund, unſer guter lieber Y***, der vor einigen Tagen aus Paris hier angekommen iſt, erzeigte mir geſtern die Ehre ſeines Zuſpruchs. Das können Sie leicht denken, daß er viel von Paris mit mir ſprach. Er erhob das Glück unſrer jungen Teutſchen Künſtler, die durch die Emſigkeit unſrer fleißigen Nachbarn die ſchönſten Muſter der Alten für einen ſo geringen Preis in die Hände bekämen, und wenigſtens durch das Studium der mit unter freylich mittelmäßig geſtochenen Kupferſtiche ſich zu dem Studium der Alten vorzubereiten in Stand geſetzt würden. Welch ein Packet von dieſen ſchönen Ideen habe ich nicht nach Hauſe geſchickt! rief er frohlockend aus. Ich getraute mich kaum ihn zu fragen, welche Werke er darunter verstünde, denn ich vermuthete schon, daß es wohl die geistreichen Kupfer eines Desneuforge, Lafoße und ihrer Nebenbuhler seyn möchten. In der That hatte ich mich auch nicht geirret, und ich hatte recht an mich zu halten, daß ich ihm nicht ins Gesichte lachte. So wenig ich darzu sagte, denn unsre Bekanntschaft ist noch zu neu, so dünkt mich doch, daß er auch mit diesem Wenigen nicht sonderlich zufrieden ist, ich müßte mich aber sehr irren, wenn er nicht in einiger Zeit auf andre Gedanken kommen sollte. Ich meines Ortes werde gewiß alles darzu beyzutragen suchen, was in meinem Vermögen steht.

Liebster Freund, Leute von Geschmack und Talenten in Paris, finden die wunderlichen Einfälle jener Sonderlinge eben so seltsam und lächerlich als hier in Rom. Nur der unwissende Haufe der Dekorateurs macht Gebrauch davon, und die Kupferstichhändler schreyen sie als Erfindungen du dernier goût aus. Da ich die modern=antiken Kompositionen des Desneuforge, mit welchen unser liebes Teutsches Vaterland gewiß über lang oder kurz heimgesucht werden wird, in Paris zum ersten Male durchblätterte, entfuhr mir mehr als einmal der Seufzer: Wehe der Welt, der Aergerniß halber! In Wahrheit diese nach den Alten ohne Kenntniß und Empfindung kopirte Karikaturen sind jungen Künstlern so gefährlich, daß man sie mit allem Recht in das Verzeichniß der verbotenen Bücher setzen möchte, wenn die Preßfreyheit in Ansehung der Künste nicht so ausschweiffend groß wäre. Weit gefährlicher als jene aber sind die Werke eines gewissen Lafoße. Seine Allegorie ist eine so geschmacklose Zusammensetzung unreifer Ideen, daß ich über die Unwissenheit und unverantwortliche Dreistigkeit dergleichen sinnlose Erfindungen der Welt vorzulegen erstaunt bin. Sie scheinen dem ersten Ansehen nach besser als jene ausgearbeitet zu seyn, aber eben das anmaßlich Meisterhafte seiner Nadel ist ein tödtendes Gift für den guten Geschmack. Die verderbliche Seuche, sich bey Zeiten eine meisterhafte Art im Zeichnen anzugewöhnen, bemächtigt sich junger Künstler ohnedem nur allzuleicht. Diese meisterhafte Art aber kann bey einer natürlich nothwendigen Unwissenheit nicht anders als in eine Manier ausarten, die sie in Kurzen der Natur und den Mustern der Alten nachzuahmen gänzlich unfähig macht. Wer bey seinem Studieren so zu Werke gegangen ist, zeichnet an seinem Kamin den Vaticanischen Apollo und das Korinthische Kapitál eben so, wie vor den besten Originalen. Hier fällt mir die Geschichte eines jungen Mannes ein, der nach einem mittelmäßigen Meister zu kopiren angefangen hatte, um sich hernach an die Werke Raphaels zu machen. Ein großer Meister, dem er seine Zeichnungen vorlegte, fragte ihm bey dieser Aeußerung um die

Ursache,

Vierzehenter Brief.

Ursache, warum er diesen Weg erwählet habe. Um mich erst aus dem Gröbsten herauszuarbeiten, erwiederte der arme Tropf. Du wirst dich in das Gröbste hinein arbeiten, antwortete ihm jener, und gab ihm seine Zeichnungen zurück. Eben so arbeiten sich junge Leute in diese schlechterdings nicht in dem Sinn der Alten, ohne Kenntniß und Empfindung, aus bloßer Gewinnsucht, aus alten Büchern zusammen getragene, und mit neuem Unsinn durchwebte Hirngespinnste hinein, und werden so davon angesteckt, daß sie sich ganz vergebens bemühen davon loszukommen, wenn sie am Ende, aber leider zu spät, ihres Irrthums gewahr werden. Recht unsrer Vernunft zum Trotz und unserm Geschmack zur Schande ergreifen wir, nachdem wir schon so oft getäuscht worden, mit beyden Händen die neuern Erfindungen unsrer Nachbarn, von denen wir vorher sehen müssen, daß wir sie in zehen Jahren nicht mehr werden schön finden dürfen, wenn wir nicht für Leute von schlechten Geschmack angesehen seyn wollen. In der Kunst findet in Wahrheit keine Mode statt, wie einige neuere Schriftsteller zu behaupten sich getrauet haben. Werke der Kunst kommen auf unsre Nachkommen, und sollten wir uns nicht bestreben ihre Achtung zu verdienen, so wie jene Alten uns Bewunderung und Hochachtung abnöthigen? Können wir ungerecht genug gegen unsre Kinder seyn, sie in die verdrießliche Nothwendigkeit zu versetzen, unsre Wohnungen entweder mit Widerwillen zu bewohnen, oder sie wieder abzutragen, und sich mit schweren Kosten neue zu erbauen? Aber, antworten Sie mir, hat dieses Schicksal die herrlichsten Werke nicht so gut betroffen als unsre neuen Gebäude? Ach, leider ist das allzuwahr, und, was noch schlimmer ist, so sind vielleicht die Künstler selbst aus Gewinnsucht, Ehrbegierde und andern Ursachen mehr die Zerstörer von Werken gewesen, die weder das Vermögen des Bauherrn, noch die Fähigkeiten des Baumeisters durch bessere zu ersetzen erlaubt haben. In Wahrheit, wenn mir zuweilen dergleichen niederschlagende Gedanken einfallen, so ziehe ich mich hurtig an, und gehe ein paar Stunden aus, um meine Studien, die mir so viel Zeit, Mühe, und Geld kosten vom Untergange zu erretten; denn in einem solchen Zeitpunkt habe ich Lust sie auf einem Haufen in den Kamin zu werfen, und würde ihre Zerstöhrung gelassen mit ansehen. —

Eine Zerstreuung von der Art hatte ich gewiß auch nöthig, da ich dieses letztere geschrieben hatte. Voll Unmuth über die zerstöhrende Neigung nach neuen Schöpfungen und ganz in meine Gedanken vertieft, war ich einige Gassen fortgegangen, als ich mich auf einmal recht unvermuthet bey dem Campidoglio und auf dem Campo Vaccino befand. Bey diesen großen und herrlichen Gegenständen ward ich gar bald andres Sinnes, und beschloß auf der Stelle, Sie, mein wer-

Zweyter Band.   C   thester

thester Freund, von diesen schätzbaren Ueberbleibseln des Alterthums in meinen folgenden Briefen zu unterhalten.

Empfehlen Sie mich unsern guten Freunden C*. und L*. und schreiben Sie mir bald Ihre Meynung über meine wunderlichen Grundsätze, Sie wissen schon daß ich nicht böse werde, wenn man mir auch widerspricht. Leben Sie wohl.

Funfzehenter Brief.

Rom, den 6. Junius 1768.

Mein Herr,

Das Campidoglio, und das hinter diesem bis zu dem Triumphbogen des Titus fortgehende Campo Vaccino begreifen eine Menge der merkwürdigsten Gegenstände aus dem Alterthum in sich, deren Betrachtung an sich eben so interessant, als in Ansehung der Kunst wichtig ist. Schritt vor Schritt treffen wir hier Ueberbleibsel von alten Denkmalen an. Machen Sie sich immer gefaßt, mein Theuerster, mehrere Briefe von dieser zauberischen Gegend zu lesen, in welcher ich, wie Poliphil in dem Gebiete der Königin Eleuterilida, umher irre. Möchte es doch nie einem Reisenden an einem so gütigen und theilnehmenden Freunde fehlen, der für die Mittheilung seiner Bemerkungen so viel Geduld hätte, als Sie für die meinigen haben! Hier in Rom wird unser Briefwechsel mir erst recht schätzbar. Wie vieles glaube ich recht genau betrachtet zu haben, und kaum fange ich an Ihnen eine Beschreibung davon zu machen, so werde ich hier und da Lücken gewahr, die mich zu Anstellung neuer Betrachtungen nöthigen.

Wie vieles würde ich ohne eine so glückliche Veranlassung gesehen haben, und am Ende doch finden, daß ich nicht recht gesehen hatte! Die Gegend des Campidoglio allein wird eine ziemliche Folge von Briefen veranlassen, so viel ich voraussehen kann. Eine furchtbare Aussicht für Sie, mein Bester!

Der Mons Kapitolinus liegt beynahe im Mittelpunkt der Stadt, und diejenigen Gebäude, welche gegenwärtig il Campidoglio genennet werden, stehen auf diesem Berge, wo vordem das alte Römische Kapitolium, der Tempel des Kapitolinischen Jupiters und viele andre Tempel und Gebäude erbauet waren. Der Aufgang zu dem alten Kapitol lag gegen Süden nach dem Campo Vaccino zu, die Auffahrt und die Hauptansicht des neuern aber kehrt sich auf der Gegenseite

Funfzehender Brief.

ſeite nach Norden zu. Auf Ihrem Kupfer überſehen Sie auf einmal alle Gebäude, die das heutige Campidoglio ausmachen, und ich müßte mich ſehr irren, wenn dieſer Proſpekt Ihre Wißbegierde nicht rege machen ſollte.

Die neue Auffahrt auf das Kapitol, welche Sie hier vor ſich liegen ſehen, iſt ſo gemächlich, daß Karoſſen auf derſelben hinauffahren können, doch dieſes geſchieht nur bey großen Feyerlichkeiten, weil außerdem die Wagen den neben jener Auffahrt angelegten Weg nehmen. Sowohl dieſe beyden als ein dritter, dem mittlern Hauptgebäude zur Rechten, nach dem Campo Vaccino herabführender Weg, ſind nach Art der in einem meiner vorigen Briefe *) beſchriebenen Apparellen angelegt, und mit Ziegeln gepflaſtert. Zu beyden Seiten liegen am Fuß der Hauptauffahrt auf hohen Poſtamenten zween in Egyptiſchen Styl vortreflich gearbeitete antike Löwen, **) welche Waſſer in vaſenähnliche Gefäße herabſtröhmen, aus denen es endlich in niedrige Baßins herabfällt. Pius VI. ließ ſie von der Kirche S. Stephano des Cacco, wo vordem ein Tempel der Iſis geſtanden, hierher verſetzen. Nach andrer Meynung ſollen ſie in den Bädern des M. Agrippa gefunden worden ſeyn. Von jenen Poſtamenten der Löwen an ſchließen zwey Bruſtgeländer mit abwechſelnden Poſtamenten und Docken dieſe Auffahrt ein, und gehen bis an die obern großen Poſtamente fort. Dieſe dienen zweyen antiken koloſſaliſchen Gruppen, Kaſtor und Pollur mit ihren zur Seite ſtehenden Pferden, zum Aufſtand. Nach dem Plinius ***) ſtunden dieſe Gruppen vor dem Tempel des Jupiter Tonans, und ſind Werke des Hegias, der noch vor dem Phidias lebte. Sie ſind bey dem Ghetto, oder dem Bezirk, wo die Juden beyſammen wohnen, ausgegraben und nachher ergänzt worden. An dem, was wirklich alt iſt, bemerkt Winkelmann eine gewiſſe Härte im Stil, die jenem alten Künſtler eigen war, und ſie wären alſo in die Zeiten des ältern Stils zu rechnen. Auf ſechs andre niedrigere Poſtamente, zwiſchen welchen die Balluſtraden zu beyden Seiten bis an die Gebäude fortlaufen, ließ Sirtus V. einander gegen über zwo wunderſchön komponirte und ausgeführte Trophäen aufſtellen, welche nach dem Stil derſelben zu urtheilen, zu Trajans Zeiten gefertiget, und wahrſcheinlicherweiſe ſeinem Siege über die Dacier zu Ehren errichtet worden. Bekannter ſind ſie unter den Namen der Trophäen des Marius, weil einige Schriftſteller behaupten, daß ſie dieſem Feldherrn nach ſeinem Siege über den Jugurtha,

---
*) Im erſten Band dieſer Briefe, p. 32.
**) Verſchiedene Schriftſteller und mit ihnen Moore machen Sphinre daraus.
***) l. 34. c. 8.

Jugurtha, die Cimbrier und Teutonen aufgerichtet worden wären. Diesen folgen auf beyden Seiten die Statuen zweyer jungen Männer, welche in den Quirinalischen Bädern Constantin des Großen gefunden worden, und Bildnisse der Söhne dieses Kaisers seyn sollen. Endlich stehen an beyden Enden dieser Ballustraden zwo Meilensäulen, deren eine wirklich antik, und nach der auf derselben noch befindlichen Zahl I. für die erste auf der Via Appia gehalten wird; die andere ist neugefertiget, um ersterer gegen über gestellet zu werden. In der über der antiken Meilensäule angebrachten Kugel von Bronze, soll laut einer darunter befindlichen Innschrift, die Asche des Kaisers Trajans aufbehalten worden seyn.

Im Mittel des Platzes, welcher von vornen von gedachter Ballustrade, auf den übrigen drey Seiten aber von Gebäuden eingeschlossen ist, erscheint auf einer zirkelrunden Vertiefung von drey Stuffen die so berühmte Statue des Markus Aurelius, die einzige antike Statue zu Pferde von dieser Größe, die bis auf unsre Zeiten gekommen ist. Man glaubt, daß diese Statue um das Jahr Christi 177. nachdem jener Kaiser die Teutschen besiegt hatte, gefertiget worden; Sie stund lange Zeit vor dem Lateran, und wurde im Jahr 1538. unter der Regierung Paul des III. hierher gebracht. Ihre Länge hält an und für sich, ohne das Postament, eilf und ein viertheil Fuß, und ihre Höhe zwölf Fuß, und hat gegen den Platz, wo sie aufgerichtet ist, ein recht gutes Verhältniß.*) Die verschiedenen Meynungen und Urtheile, die in Betreff dieser Figur von Schriftstellern und Künstlern gefället werden, sind in Wahrheit merkwürdig. In Rom hält man sie vor ein vorzüglich schönes Werk der Kunst; Pietro von Cortona, oder wie andre wollen, Karl Maratti, rief dieser Statue öfters zu: Eh via! avanzi, non sai tu che sei vivo? Winkelmann räumt ein, daß das Pferd bey dem Umsturz gelitten, denn es hat geraume Zeit unter den Ruinen des Kaiserlichen Pallastes vergraben gelegen, daß aber der Kopf desselben in der Natur nicht wohlgebildeter und geistreicher seyn könnte. Der Marquis d'Argens, Perrault, du Bos, der rüstige Falkonet **) und andre ihrer Herren Landsleute hingegen erschöpfen ihre Beredsamkeit, um die Welt von dem geringen Werth dieses alten Kunst-

---

*) Die Statue Ludwig des Großen von Girardon auf dem Platz Vendome, hat 19. Fuß in der Länge, und 19½. Fuß in der Höhe, und ist also mehr als halb noch einmal so groß als jene. Der Platz Vendome aber ist auch von einem ungleich größern Umfang.

**) Observations sur la Statue de Marc-Aurele & sur d'autres objéts relatifs aux beaux arts par Etienne Falconet. 8. Amst. 1771.

Funfzehenter Brief.

Kunstwerks zu überzeugen. Wer von beyden recht, hat kann ich nicht entscheiden, ich wollte aber fast errathen, was Sie dabey denken werden. *)

Zu

) Da es meinen Lesern gewiß nicht gleichgültig seyn wird, das Urtheil des großen Mengs über diese Statue zu wissen, so rücke ich seine eignen Worte aus einem an Hrn. Falkonet abgelassenen Schreiben hier ein:) „Sie erlauben mir, daß ich Ihnen meine Mey„nung über das Urtheil eröfne, welches Sie über die Statue des Markus Aurelius „gefället haben. Ich bin ganz überzeugt, daß Ihre Bemerkungen gegründet sind; „Wenn Sie aber dieses Werk auf seinem Platz gesehen, und zu gleicher Zeit alle „andre Statuen zu Pferde, die in Italien vorhanden sind, in Betrachtung gezogen „hätten, so würden Sie sich gewiß weniger über die Lobsprüche gewundert haben, „welche man diesem beygelegt hat, denn alle die übrigen, so sorgfältig sie behandelt „sind, erscheinen in Vergleichung mit diesem kalt und ohne Leben. Ich verstehe hier „die Werke der geschicktesten Bildhauer, die in Venedig und Florenz angetroffen wer„den, denn die zu Piacenza, und die von Bernini und Cornachini in Rom, verdie„nen unsre Betrachtung nicht.

„Keiner, der den wahren alten Stil der Kunst kennt, wird sich einfallen lassen zu „behaupten, daß zu des Markus Aurelius Zeiten Werke vom ersten Range gefertiget „worden. Wenn wir aber jenes Pferd unter diese setzen, so geschieht es nur in Ver„gleichung mit andern. Sie wissen nur gar zu gut, daß gemeiniglich nicht allemal „nur untadelhafte Werke von Leuten von gutem Geschmack bewundert werden, wohl „aber diejenigen welche etwas außerordentliches und hervorstechendes an sich haben. „Aus eben der Ursache entzückt uns das Pferd des M. Aurelius, weil es einen ge„wissen Ausdruck des belebten an sich hat; Und vielleicht ist eben das Fehlerhafte, wel„ches von Ihnen in der Stellung der Beine beobachtet worden, dasjenige was ihm „diese Bewegung, diesen wundernswürdigen Ausdruck giebt; weil diese Stellung nicht „nach dem gewöhnlichen Mechanismus, sondern nur in einem schnellvorübergehenden „Zustand, in welchem das Thier nur einen Augenblick sich verweilen kann, möglich ist.

„Was den Reuter anbelangt, so ist er hier nicht als ein Mensch vorgestellt, der „das Ansehen haben will, gut zu Pferde zu sitzen, wohl aber als Kaiser, welcher mit „einer gutherzigen Bewegung des Wohlwollens, die Rechte gegen sein Volk als ein „Zeichen des Friedens ausstreckt, wie solches bey den Alten gewöhnlich war, und mit „der andern Hand das Pferd im Zügel hält.

„Ich bin nicht so wie Sie von den Vorzügen und den Bewegungen der Pferde „unterrichtet, weil ich nicht Gelegenheit gehabt habe, diese besonders zu studiren. Ich „schliesse aber von der Bewegung des Menschen, welche ich studirt habe, auf die Kunst „jenen die gehörige Bewegung zu geben. Ich habe selbst in Rom einige Meister der „Kunst gekannt, welche die ersten klassischen Werke der Alten tadelten, und welche, „wenn sie den Vaticanischen und Mediceischen Apollo kopirten, dieselben anmaßlich

dadurch

*) Opere di A. R. Mengs Tom. I. p. 238. seqq.

Zu dem Postament dieser Statue wurde ein Stück Marmor von einer Friese aus den Thermen Trajans genommen. Zwar ist es von Buonarotta angegeben, von Seiten der Versinnlichungen aber eben nicht sehr merkwürdig. Die Höhe desselben ist nicht ganz die Hälfte der Höhe der über ihm aufgerichteten Figuren, und da es auf den Boden ruhet, ohne, wie sonst gewöhnlich, auf einigen Stufen erhöhet zu seyn, so scheint es wirklich niedrig. Vielleicht waren aber auch die hohen Postamente, auf welche die Statuen zu Pferde in Paris aufgestellet sind, Ursach, daß mir dieses so niedrig vorkam. Schon jetzo fange ich an weniger unverhältnißmäßiges daran zu finden, und vielleicht könnten, wenn ich wieder nach Paris kommen sollte, mir am Ende jene unproportionirt hoch scheinen.

Das Hauptgebäude im Grunde des Platzes erhebt sich über die zu beyden Seiten erbaueten Palläste um ein Ansehnliches. In diesem Pallast residirt der Senatore von Rom, die erste Magistratsperson, dessen Stelle eine der angesehensten ist, und dessen Einzug mit unter die größten Feyerlichkeiten gehört, die hier zu sehen sind. Vor der Hand bekleidet diesen Posten der Prinz Rezzonico, ein Nepote des jetztregierenden Pabstes. Die Hauptmauern dieses Pallastes sind vielleicht noch eben die, welche das Tabularium der alten Römer hatte. Bonifacius VIII. *) ließ denselben wiederherstellen, und zu einer Wohnung für den Römischen Senator einrichten. Michel Angelo fieng in der Mitte des sechszehenten Jahrhunderts an, die Seite nach dem Platz zu verzieren, und erbauete die bis in das obere Stockwerk zu beyden Seiten hinaufführende in Wahrheit schöne Treppe. Im Mittel derselben erscheint in einer unter dem obern Austritt angebrachten großen Nische das triumphirende Rom. Diese Figur ist von großer Schönheit und antik, so wie die zu beyden Seiten derselben liegenden Flüsse, welche den Nil und die Tiber vorstellen. Aus dem Postament der Roma ergießt sich eine Menge Wassers in ein mit einer Ballustrade umgebenes Baßin. Das untere Stockwerk, an welchem jene Treppe hinaufgeht, ist mit Travertin bekleidet und hat keine weitere Verzierung, doch geben die senk= und wagrechten Fugen des Steins einen wahren und simpeln Reichthum ab. Warum Piranesi auf seinem Kupfer nur die Horizontalfugen angegeben, die perpendikularen aber nicht, kommt mir ein wenig bedenklich vor. Ich will nicht hoffen, daß er diese in neuern

„dadurch verbesserten, daß sie ihnen eine gerade und senkrechte Stellung gaben; und „alsbald verlohren sie den größten Theil der Schönheit ihrer Originale."

*) Nach andern Bonifacius IX. ein Unterschied von hundert Jahren, denn ersterer regierte vom Jahr 1294. bis 1302. letzterer aber vom Jahr 1389. bis 1394.

Funfzehenter Brief.

neuern Zeiten sehr zur Mode gewordene Art, die Mauern abzuputzen, schön finden sollte. Nach dieser Weise müßte man es für eine Nachahmung der von übereinander geschränkten Balken erbaueten Bauerhütten annehmen, die in Rußland, Steyermark und andrer Orten angetroffen werden. Wenn aber der in meinem vorigen Briefe erwähnte Schriftsteller die Griechische Baukunst eine schöne Lügen nennt, so dürfte diese Nachahmung vermuthlich eine sehr garstige Lügen seyn. Eine von Quatersteinen zusammengesetzte Mauer, an welcher die senkrechten Fugen so gut sichtbar werden als die wagrechten, scheint mir einen höhern Begriff von Schönheit und Festigkeit zu geben als jenes. Uebrigens thut dieses untere Stockwerk, welches sich gegen die darüberstehenden Pilaster wie zwey zu drey verhält, eine gute Wirkung. Der Simmß desselben hat ein gutes Verhältniß gegen das Ganze, besteht aus wenigen gut gewählten Gliedern, und ist schön profilirt, auch die in beyden Eckvorlagen angebrachten kleinen Fenster sind hier sehr passend.

Ueber diesem untern Stockwerk erbauete Giacomo della Porta das mit Korinthischen Pilastern verzierte obere Hauptgeschoß mit einem Halbgeschoß darüber. Die Pilaster gehen durch beyde hindurch bis unter das dieses ganze Gebäude bekrönende Korinthische Gebälke. Ihre Zwischenweiten enthalten im Mittel und an den beyden hervortretenden Eckvorlagen siebenmal ihre Breite, die übrigen an dem gerade fortgehenden Mittelgebäude enthalten diese Breite nur fünfmal. Giacomo fand für gut neben diesen Pilastern noch besondre Risaliten in der Mauer anzubringen, weil er besorgte, daß seine hohen Pilaster bey so entfernten Zwischenweiten vielleicht ohne jene mager ausfallen dürften. Die Fenster des Hauptgeschosses stehen auf dem Simmß des untern Stockwerks auf. Sie sind von keiner großen Schönheit, aber auch nicht unter die mittelmäßigen zu rechnen, die Thüre im Mittel ausgenommen, welche viele übelgewählte und schlecht zusammengesetzte Verzierungen über und neben sich hat. Die Eckpilaster der Vorlagen geben zugleich die Pilaster in den Winkeln des im Mittel fortgehenden Hauptgebäudes mit ab. Ich erinnere dieses deswegen, weil eine neuere Theorie befiehlt, in diesem Fall einen besondern um seine Ausladungen von dem Winkel abgesetzten Pilaster anzubringen. Wie aber diese Lehre aus der nothwendigen Stellung der hölzernen Säulen eines Gebäudes erwiesen werden könne, begreife ich nicht. Ohne mir gekuppelte Säulen, von welchen die eine sich hinter die Ecksäule verbirgt, bey einer solchen Anordnung zu denken, geht dieses eigentlich gar nicht an; und zu welchem Endzweck sollten hier zwo einander so nahe gesetzte Säulen nothwendig seyn? Gleichwohl müssen alle Regeln der Säulenordnungen,

welche

welche die Pilaster unwiderſprechlich unter ſich begreifen, aus der Holzbaukunſt erwieſen werden. —

Auf der Frieſe des Gebälkes, welches ſich gegen die Höhe der Pilaſter wie eins zu vier verhält, ſind Verzierungen aus dem Päbſtlichen Wappen angebracht. Die Balluſtrade darüber hält ohngefehr den ſechſten Theil der Höhe der Pilaſter und die darüber ſtehenden Figuren beynahe den vierten Theil derſelben. Den über dieſem Pallaſt ſich erhebenden Thurm hat Martin Longhi wiederhergeſtellt und mit kleinen Pilaſtern verziert.

In dieſem Pallaſt bleibt uns noch der große Saal, in welchen man von der Haupttreppe ſogleich eintritt, zu betrachten übrig. Die Statuen Paul des III, Gregorius XIII, und des Königs von Neapel, Karl d'Anjou, ſind in dieſem Saal aufgeſtellt. Hier halten der Senator und der Römiſche Magiſtrat öffentliches Gericht. Von Zeit zu Zeit verſammeln ſich aber auch hier die Mitglieder der Akademie der Künſte bey Gelegenheit der Austheilung der Preiſe an junge wetteifernde Künſtler. Es geſchieht ſolches unter großen Feyerlichkeiten, und in Gegenwart verſchiedener Kardinäle, Prinzen und andrer Großen.

Und nun, mein theuerſter Freund, wenden wir uns zu den Seitengebäuden, welche theils von Michel Angelo ſelbſt, theils nach ſeinen Vorſchriften von andern aufgeführt worden. Beyde ſind einander die äußerliche Verzierung anlangend in allem gleich, dem Mittelgebäude aber ganz unähnlich. Ihre ganze Anordnung iſt in ſeiner Art original, und nur in den Thermen der Alten finden ſich ähnliche Beyſpiele. Acht hohe Korinthiſche Pilaſter auf Poſtamenten in einer Zwiſchenweite von ſieben Pilaſterbreiten oder vierzehn Moduln unterſtützen das Hauptgeſimmſe, und ſind als die Hauptanlage dieſer ganzen Maſſen zu betrachten. Die Höhe der Poſtamente, deren Verſimmſungen ſehr angemeſſen und gut profilirt ſind, beträgt ohngefehr zwey Neuntheile der Höhe der Pilaſter, die Höhe dieſer letztern aber zehn und ein halbes Mal ihre Breite, oder ein und zwanzig Modul. Das Gebälke über dieſer Ordnung überſteigt noch den vierten Theil der Pilaſterhöhe. Darf ich eine Muthmaßung über die Bewegungsgründe wagen, die Michel Angelo hatte, dieſem Gebälke eine ſo ungewöhnliche Höhe zu geben? Wahrſcheinlicherweiſe beſtimmte er die Höhe dieſes Gebälkes in Verhältniß mit der Höhe des ganzen Gebäudes, und in dieſem Fall beträgt ſie ohngefehr den fünften Theil der letztern, welcher nach Palladio dem Korinthiſchen Gebälke zur Höhe gegeben wird. Doch hat Michel Angelo bey ſeiner mit vielem Scharfſinn hierbey angewendeten Modifikation wirklich wenig gewonnen. Das Gebälke, welches gerade

Funfzehenter Brief.

rade und ohne Verkröpfungen und Vorsprünge fortgeht, bekrönt das ganze Gebäude ohne Widerspruch auf die beste Art von der Welt, die Pilaster aber müssen des großen Vorsprungs ungeachtet, den sie vor der Mauer erhalten haben, und der ihrer scheinbaren Stärke wirklich zu statten kommt, immer verhältnißmäßig schwach und mager dagegen erscheinen. Sie sehen hieraus, mein Werthester, daß man sehr wichtige Bewegungsgründe haben muß, um Säulen oder Pilaster, welches im Grunde einerley ist, auf Postamente oder hohe Zocken zu setzen, die dergleichen schwer zu vereinigende Widersprüche veranlassen müssen. Aus diesem Grunde merkte ich auch in einem meiner vorhergehenden Briefe an, *) daß die Pilaster des Schiffes von S. Peter gleich auf den Fußboden und nicht auf hohen ihr ganzes Verhältniß zerstöhrenden Zocken aufgestellt erscheinen. Ein Ausdruck, den ich jetzt rechtfertigen mußte! — Die obere Balluſtrade hat den fünften Theil der Pilaster zur Höhe, die Docken derselben werden zu oft von darzwischen angebrachten Postamenten unterbrochen, welches denn eine üble Wirkung thut. Die obern Figuren sind so hoch als ihre Postamente, und geben nach diesem gegen das Ganze wirklich kleinen Verhältniß der Architektur ein großes Ansehen.

Die ganze Höhe dieses Pallastes ist in zwey Stockwerke eingetheilt, von welchen das untere zween offene Gänge nach dem Platz und nach dem Hofe zu, und zwischen diesen sechs einander in allem gleiche Zimmer enthält, in welchen die Zünfte der Handwerker ihre Dokumente aufbewahren, und ihre Zusammenkünfte halten; das obere besteht aus verschiedenen Sälen, deren Einrichtung und Bestimmung ich Ihnen in der Folge beschreiben werde. An jenem unterm Stockwerk brachte Buonarotta kleinere freystehende Jonische Säulen neben jenen großen Pilastern an, die sich zu diesen in der Stärke wie drey zu fünf verhalten, neun Durchmesser zur Höhe haben, und zwey Drittheil ihrer Höhe von einander entfernt sind. Sie stehen zu beyden Seiten an massiven Schäften an, die den großen Pilastern zum Grunde dienen, und stehen auf niedrigen Zocken, die so hoch als der Plinthus des Postaments unter den großen Pilastern sind. Ihre Basen sind die Attischen; an den Kapitälen, welche wie die antiken Jonischen Kapitäler zwey ungleiche Seiten haben, hat Michel Angelo verschiedene Veränderungen angebracht, die aber, meines Dafürhaltens, sie nicht verschönern. Das Jonische Gebälke mit Zahnschnitten gehet über diesen Säulen gerade fort, und bleibt mit der weitesten

Ausla=

*) Im ersten Bande dieser Briefe pag. 69.

Ausladung der Kornische noch innerhalb der Pilaster, an welche es zu beyden Seiten anläuft. Den auswendigen Säulen gegen über stehen an der inwendigen Wand des offenen Ganges andere jenen ganz ähnliche Säulen, welche in runde Vertiefungen gesetzt sind, um dem Gange darzwischen mehrere Breite zu geben. Die Architraven, welche quer über diesen Portikus von einer Säule zur andern fortgehen, formiren viereckige Platfonds, die mit Arabesken und andern schönen Zierrathen in sehr solidem und gutem Geschmack von Stucc ausgeführt sind.

Im zweyten Stockwerk dieser Seitengebäude stehen über den Oefnungen zwischen jenen kleinen untern Säulen Fenster in Vertiefungen, die mit den untern Schäften in gerader Linie hinaufgehen. Diese Vertiefungen sind so ansehnlich, daß sie Balkons vor diesen Fenstern anzubringen erlaubt haben, und die Last der über den freyliegenden Jonischen Gebälken ruhenden Mauer wird hierdurch um ein Großes vermindert. Giacomo del Duca ist der Erfinder dieser Fenster, von welchen das mittlere seinem Geschmack wenig Ehre macht, die übrigen aber sind unter gewissen Einschränkungen nicht übel. Sie sind zu beyden Seiten mit kleinen aus der Dorischen und Jonischen Ordnung genommenen Säulen verziert und haben runde Giebel.

Aber, bester Freund, wohin führt mich mein Beschreibungseifer? Noch habe ich Ihnen kein Wort von so vielen Schätzen des Alterthums, die in diesen beyden Seitenpallästen aufbewahret werden, gesagt, und der Raum meines heutigen Schreibens will mir dieses auch schwerlich erlauben. Sie müssen sich also schon bis zu meinem nächstfolgenden Briefe gedulden. Also für dis Mal nur noch einige Worte von der Ihnen zur Linken auf der Anhöhe gelegenen alten Kirche.

Man setzt die Erbauung dieses alten Gothischen Gebäudes in die Zeiten des heil. Anacletus, welcher sie im Jahr Christi 103. eingeweihet haben soll. Sie hieß vordem S. Maria in Kapitolio, nachher aber hat sie den Namen in Ara Coeli erhalten. Nach der gemeinen Meynung soll diese Kirche auf den Ruinen des Tempels des Jupiter Feretrius erbauet seyn, nach andern aber hat der Tempel des Kapitolinischen Jupiters hier gestanden. Hier soll der Kaiser Augustus, auf die von dem Orakel erhaltne Antwort, daß es durch einen neugebohrnen Hebräischen Knaben zum Schweigen gebracht worden, dem Heyland zu Ehren einen Altar mit der Aufschrift ara primogeniti Dei errichtet haben, und man zeigt diesen Altar noch gegenwärtig im Mittel der Kirche. Ein kleiner Monopterischer Tempel von überaus kostbaren freystehenden Säulen von Orientalischen

Alabaster

Funfzehender Brief.

Alabaster mit Kapitälen und Basen von vergoldetem Bronze, umschließt diesen Altar, der einer antiken Vase zum Postament dient, in welcher die Reliquien zweyer Heiligen und der Mutter des Kaisers Konstantin des Großen, der heiligen Helena, aufbewahret werden. Von diesem Altar hat die Kirche den Beynamen in ara coeli erhalten. Vortrefliche Marmorsäulen von alten Monumenten theilen sie in das mittlere Schiff und in die beyden Seitennavaten. Wie wenig diese schönen antiken Säulen zu der übrigen Bauart passen, können Sie aus der Vorderseite dieser Kirche schliessen. Das Kloster darneben haben die Franciskanerinnen und ist von ansehnlichen Umfang. Zween große Höfe darinnen sind mit Gängen von freystehenden Säulen von Granit umgeben.

Die ansehnliche freyliegende Treppe, welche zu dieser Kirche hinaufführt, besteht aus hundert und vier und zwanzig Stuffen von weissem Marmor, deren jede an die zwanzig Fuß lang ist. Die alten ehedem hier gestandenen Tempel und Monumente haben auch hier Materialien genug hergegeben, deren Anwendung ein besser Schicksal verdient hätte.

Der Rumpf einer alten Statue, den Sie am Fuß dieser Treppe gewahr werden, ist von Porphir und über alle Maaßen schön drappirt; Diese Figur soll eine Roma vorgestellet haben.

Sechszehenter Brief.

Rom, den 20. Junius 1768.

Mein Herr,

Ich weiß, daß Sie Ihre Roma antica e Moderna schon lange zur Hand genommen haben, und bey der großen Menge von alten Kunstwerken, die in den beyden Seitengebäuden des Kapitols aufbewahrt werden, recht neugierig sind, wie ich es anfangen werde, mit Ehren durch dieses Labirinth zu kommen. Ich war auch wirklich in keiner kleinen Verlegenheit. Urtheilen Sie selbst, wie ich mich daraus gezogen habe.

Der Ihnen zur Rechten gelegene Seitenpallast des Kapitols wird der Pallast der Konservatoren genannt, weil die drey Konservatoren, die vornehmsten Magistratspersonen von Rom nach dem Senator, in den Sälen dieses Gebäudes ihre

Verſammlungen halten. Wir gelangen durch eine im Mittel des ofnen Portikus im untern Stockwerk angebrachte große Thüre in den Hof dieſes Pallaſts. Dieſe Haupteingangsthüre iſt von einer eben nicht glücklichen Kompoſition, und die ihr zu beyden Seiten in die Säle der Handwerkszünfte führende kleinern Thüren übertreffen ſie, in Anſehung des Verhältniſſes gegen das Ganze, und der wenigen aber mit vielem Geſchmack angebrachten Verzierungen, weit.

Im Mittel jenes Hofes erſcheint ein mit einer hohen Einfaſſung umgebner Springbrunnen, bey dem ich Sie aber, um ſeiner wenig bedeutenden Form willen, nicht lange aufhalten, ſondern Sie lieber zu dem ofnen Portikus bringen will, welcher im Grunde des Hofes ſich ausbreitet. Eine ſitzende Roma auf einem ſchönen Poſtament, an welchem eine überwundene Provinz in Basrelief vorgeſtellt iſt, in einer großen Niſche an der hintern Wand jenes Portikus, mit zween gefangenen Königen von ſchwarzen Marmor zu beyden Seiten, geben einen hohen Begriff von dem alten Rom und der Kunſt. Einem dieſer Könige ſind die Arme bis an den Ellenbogen abgehauen, der andere aber iſt mit abgehauenen Händen vorgeſtellt. Winkelmann behauptet, daß es Abbildungen der Thraziſchen Könige ſind, denen Markus Licinius Lukullus, ihr Ueberwinder, die Hände abhauen ließ. In zwo andern Niſchen darneben ſtehen zwo Egyptiſche Gottheiten von ſchwarzem Marmor. Auf fünf zu beyden Seiten des Hofes aufgeſtellten Poſtamenten liegen zween koloſſaliſche Köpfe von Bronze, deren einer das Bildnis des Nero, oder nach Andern, des Kommodus, der andre aber das Bildnis des Domitians ſeyn ſoll. Die beyden koloſſaliſchen Füſſe nebſt der Hand von Bronze, welche ebenfalls hier liegen, haben zu der Statue des Apolls gehört, die Lukullus im Kapitol aufrichten ließ, und die nach dem Plinius eine Höhe von dreyßig Kubitus hatte.*) Außer dieſen befinden ſich noch hier das Grabmal der Agrippina, der Gemahlin des Germanicus, und eine Gruppe, die einen Löwen vorſtellt, der im Begriff iſt ein Pferd zu zerreiſſen. Dieſe letztere hat Michel Angelo ergänzt.

In dem vordern Portikus dieſes Hofes, welcher linker Hand nach der großen Treppe führt, ſtehen die Statuen des Julius Cäſar und des Auguſtus, letzterer mit einem Schiffſchnabel zu ſeinen Füſſen. Dieſe ſoll, nach Winkelmanns Meynung,

---

*) Lib. XXXIV. c. 7.

Sechszehenter Brief.

nung, eine von den wenigen wahren Statuen des Augustus, und zwar diejenige seyn, welche diesem Kaiser auf Befehl des Senats nach seinem Siege zur See über den jüngern Pompejus errichtet worden. Dem Aufgang der Treppe gerade gegen über erscheint die Kolonna Rostrata, die vormals auf dem Forum stand. Der erste Absatz dieser Treppe führt zu einem schön verzierten Ruheplatz und einem kleinen Hofe, der in gleicher Höhe mit jenem liegt und der Treppe ihr Licht giebt. In diesem Hofe sind vier herrlich schöne Basreliefs von dem Triumphbogen des Markus Aurelius an den Wänden eingemauert. Diesen Bogen, welcher nach der Zeit Arko di Portugallo genennet wurde, ließ Alexander VII. abtragen. Auf dem Ruheplatz der Treppe selbst stehen die Musen Urania und Thalia in schön verzierten Nischen einander gegen über, und der mit Stuckaturarbeit verzierte Platfond ist in sehr guten Geschmack angegeben und ausgeführt. Von hier führt linker Hand der zweyte Absatz der Treppe bis in das obere Geschoß.

Der erste Saal, in welchen man durch die der Treppe gegen über gelegene Thüre eintritt, ist mit Gegenständen aus der alten Römischen Geschichte von dem Ritter d'Arpino ausgemalt. In diesem sind die Statuen verschiedener Päbste in Marmor und Bronze, und die Büsten der Königin Christina von Schweden, und der Königin Maria Kasimira von Pohlen aufgestellt. Die Thüren dieses Saals sind von Fiamingo gearbeitet und wunderschön.

Der darauf folgende Saal enthält wiederum Gegenstände aus den ältesten Zeiten der Römer von dem Pinsel des Thomas Laureti, und Statuen und Büsten einiger päbstlichen Feldherren und andrer berühmten Männer, unter andern aber auch zwo schöne Säulen von Verde antiko, auf welchen die Köpfe des Septimius Severus und eines Unbekannten aufgestellet sind.

In der Anticamera erscheinen vier merkwürdige alte Statuen von Bronze. Die erste derselben ist eine Wölfin, welche den Romulus und Remus säugt, eben diejenige, wie die Ciceroni erzählen, welche am Tage der Ermordung des Julius Cäsars vom Blitz getroffen wurde. Ein Riß an dem Hinterschenkel derselben macht diese Meynung wahrscheinlich. Die zwote ist die sitzende Figur eines Knabens, der sich einen Dorn aus dem Fuße zieht. Die dritte eine Büste des Lucius Junius Bru=

tus, und die vierte eine schöne männliche Figur über deren Bedeutung die Alterthumskundigen noch nicht einig sind. Hier hat Daniel di Volterra den Triumph des Konsuls Marius abgebildet.

Von da tritt man in das Zimmer der Loggia, von dem mittlern großen Fenster also betitelt. Auch in diesem werden verschiedene schöne alte Kunstwerke gezeigt, und in dem darauf folgenden Audienzsaal befindet sich eine Sammlung alter Brustbilder, die so zahlreich als merkwürdig ist.

Auf der andern Seite des Gebäudes liegt der Saal des Herkules, welcher von einer antiken Statue desselben von vergoldeten Bronze diesen Beynamen erhalten hat, und noch außer ihr verschiedene andre sehenswürdige Statuen und Brustbilder enthält. An den Friesen erscheinen die Thaten des Scipio, von Hannibal Karacci. Das Zimmer darneben wird wegen vier großer Stücken aus der Römischen Geschichte, von der Hand des Pietro Perugino, der Saal dieses Meisters genennt. Fünf alte Statuen junger Helden in Nischen, und mehrere andre Werke der Bildhauerey aus dem Alterthum, geben auch diesem Zimmer einen unschätzbaren Werth. In der Kapelle sind verschiedene trefliche Gemälde der grösten Meister aufgestellt.

Zween Säle im Hintergebäude dieses Pallastes enthalten die vortrefliche Gemäldesammlung, welche Benediktus XIV. öffentlich aufstellen ließ. Diese Veranstaltung verewigt das Andenken jenes großen Pabstes auf die edelste Art von der Welt. Venuti hat in seiner Beschreibung von Rom ein genaues Verzeichnis davon gegeben. In einem darunter gelegenen Saal wird nach dem Nackenden gezeichnet, und so groß dieser ist, so hält es doch schwer hier einen Sitz zu bekommen. Diese Sitze sind nicht, wie bey andern Akademien fest, sondern jeder Zeichner hat seine Bank für sich, die so eingerichtet ist, daß sie nach ihrer Höhe, Breite, und Länge zum Sitzen dient. Mit einerley Bänken entstehen drey über einander erhöhete Reihen Sitze. Außer der großen Lampe, welche das Modell erleuchtet, hat jeder Zeichner seine eigne, welches in verschiedenen Privatakademien nachgeahmt wird, bey der hiesigen Französischen Akademie aber nicht.

Sechszehenter Brief.

Nehmen Sie mit dieser Beschreibung des Pallastes der Konservatoren vorlieb, mein gütigster Freund, und verzeihen Sie meiner schreibseligen Feder im voraus, wenn sie sich nun an die Beschreibung des Kapitolinischen Museum, welches den ganzen gegenüber stehenden Pallast einnimmt, wagen wird!

Klemens XII. war der Stifter dieses mehr als Königlichen Museums, welches nach und nach und vornehmlich von Benediktus dem XIV. ansehnlich vermehret worden. Ihnen eine Beschreibung von so vielen Statuen und Denkwürdigkeiten des Alterthums zu machen, als hier versammelt sind, wäre eine ganz fruchtlose Arbeit. Der gelehrte Johannes Bottari hat sein kostbares Werk hiervon durch eine große Anzahl Kupferstiche anschauender gemacht, aber auch diese können nur für Schatten jener Originale angesehen werden. Erwarten Sie also mehr eine Beschreibung der Säle, worinnen jene Schätze aufbewahret werden, als derer Schätze selbst!

Die mittlere große Thüre, die unter dem Portikus zu diesem allen Künstlern heiligen Orte führet, ist mit einem eisernen Gitter verschlossen.

Noch indem ich dieses schreibe bringt das Andenken des ersten Anblicks dieses undenkbar reizenden Hofes, — des Anblicks so vieler hier aufgestellten unbeschreiblich merkwürdigen Denkmale des höchsten Alterthums, alle meine Seelenkräfte in eine ganz unerklärliche Bewegung. Ich bin gar nicht mehr, der ich war. — Ich empfinde aufs neue recht lebhaft die eingeschränkte Sphäre, in der ich mich fortbewege. — Lassen Sie mich ein wenig wieder mich fassen, mein theilnehmender Freund, die Kunst ist doch gewiß mehr als eine Belustigung unsrer äußern Sinne! — Sollten wohl jene, die zuweilen so unwürdig von ihr schwatzen, ihrer seligen Begeisterungen jemals gewürdiget worden seyn? — Wie getrost geht der Jüngling auf ihren Tempel zu, vor dessen Glanz er als Mann zurückbebt, wenn er ihm näher kommt!

Der erste Gegenstand in dem Hofe dieses Pallastes ist eine liegende kolossalische Flußgottheit, die eine Menge Wassers in ein vor ihr liegendes Baßin ausschüttet. Man nennt diese Figur den Marforio, welchen Namen sie daher erhalten haben soll, weil sie auf dem Forum des Mars ausgegraben worden. Warum

sie

sie Sandrat für eine Abbildung des Rheinstroms hält, hat er nicht gesagt. Neben der großen Nische, in welcher diese Figur erscheint, stehen schöne antike Säulen von Granit, und diese nebst den neben ihnen angebrachten Pilastern bekrönt ein Hauptgesimmß mit einer Balluftrade, worauf vier weibliche Statuen als Vestalen aufgerichtet stehen. Im Mittel ist das Wappen Klemens des XII. mit einer Lateinischen Inschrift angebracht, welche diesem Pabst, als Stifter des Museum im Jahr 1734. gesetzt worden. Rings um den Hof und in dem an ihn stossenden Portikus geben eine Menge Statuen und unter diesen verschiedene Egyptische Gottheiten von dem ältesten Styl, Basreliefs, Grabmale und Inschriften einen bezaubernden Anblick. Ein sehr einfach verzierter Saal in dem untern Geschoß, welchen Benediktus XIV. anlegen lassen, enthält eine trefliche Sammlung Egyptischer Statuen von schwarzen Marmor, die in der Villa Hadrians ausgegraben und wahrscheinlicher Weise in neuern Zeiten unter diesem Kaiser gefertiget worden. Zwischen so wichtigen Werken der Kunst, die einander an Seltenheit und Schönheit übertreffen, näherte ich mich der Treppe, und hier zogen Stücken des alten Plans von Rom, die an den Seitenwänden der Treppe eingemauert sind, meine ganze Aufmerksamkeit auf sich. Diese sind in weiße Marmortafeln eingegraben und mit einer rothen mennichähnlichen Farbe ausgefüllt. Sie sind in dem Tempel des Romulus und Remus auf dem Campo Vaccino gefunden worden.

Sieben mit Würde und Anstand dekorirte Zimmer in dem obern Stockwerk übertreffen alles, was man von der Art sehen kann. Jeder theilnehmende Mann muß einer so großen als edeln Veranstaltung Beyfall und Bewunderung zurufen. Die vorzüglichste Verzierung dieser Säle besteht in schön verzierten Simmsen und Thüren, und in dem größten derselben erheben sich schöne Korinthische Pilaster von dem marmornen Fußboden. An den glatten Wänden prangen die seltensten Inschriften des Alterthums mit schönen marmornen Einfassungen und Simmsen, und unter diesen verschiedene antike Basreliefs.

Wir gelangten von der Treppe zuerst zu einer langen Gallerie mit einem zirkelförmigen Gewölbe, die von einem großen Bogenfenster erleuchtet wird, und bey der Treppe mit einem ähnlichen Bogen sich endiget, der mit einem schön gearbeiteten

Sechszehenter Brief.

teten eisernen Gitter verschlossen ist. Unser Führer mußte uns verschiedenemal erinnern, ehe wir uns bequemten dieses Gitter zu verlassen, und in das erste Zimmer der Treppe gegenüber einzutreten. Dieses Zimmer enthält außer hundert und zwey und zwanzig an den Wänden eingemauerten alten Inschriften, eine denkwürdige Sammlung von alten Grabmalen und Urnen mit vortreflich erhaben gearbeiteten Figuren und Zierrathen, und in den vier Ecken Säulen, die ihrer Materie, ihrer Form, und der darauf befindlichen Inschriften wegen unter die grösten Seltenheiten zu zählen sind. In der Mitte dieses Zimmers ist eine wunderschöne Vase von weissen Marmor auf einen alten hetrurischen Altar aufgestellt, die so wohl in Ansehung ihrer schönen Form und ansehnlichen Größe, als der daran unbeschreiblich kunstreich und geschmackvoll angebrachten Zierrathen, von unschätzbarem Werth ist. Sie wurde auf der Via Appia nicht weit von dem Grabmal der Cäcilia Metella ausgegraben.

In dem darauf folgenden Zimmer sind die Wände auf ähnliche Weise mit alten Inschriften verziert. Sie sind in verschiedene Klassen eingetheilt, deren Titel darüber angemerkt sind. Ueber dem Fenster und den zwo Thüren sind alte Basreliefs angebracht. Im Mittel steht eine berühmte sitzende Statue der Agrippina auf einem Postament, welches drey Greifen formiren, und wird an den Wänden umher von sieben antiken Statuen, auf der Fensterseite aber von drey runden Altären, welche bey dem Porto d'Anzio gefunden worden, umgeben.

Von hier gelangten wir in den großen mit Pilastern verzierten Saal, in welchem eine Reihe Büsten auf Konsolen von größtentheils unbekannten Personen, in einer gewissen Höhe, über den Thüren und zwischen den Pilastern fortgeht, die eine schöne Wirkung thun. Dieser Saal enthält einen Schatz von sieben und zwanzig Statuen aus dem Alterthum, und unter diesen fünf im Mittel aufgestellte vorzüglich schöne Stücken: ein Egyptisches Götzenbild, den Harpokrates, den Antinous mit einem Zepter in der Hand, und zween Olimpische Sieger, die ihren Sieg mit dem Tode bezahlen. Einer von diesen wird insgemein der sterbende Fechter oder Mirmillone genannt, und ist eine besonders schöne Figur. Hier erscheinen auch die Statuen Klemens des XII. von Pietro Bracci und Innocentius des X. von Algardi, in Bronze. Ich wünschte beyde von gän-

Zweyter Band. E zen

zen Herzen in eine anständigere Gesellschaft. Zwey schöne antike Mosaiken, von welchen das berühmte Stück mit vier Tauben auf einer goldnen Schaale besonders sehenswerth ist, befinden sich auch hier.

Eine unschätzbare Sammlung antiker Büsten von Philosophen, Rednern, Poeten, und andern berühmten Leuten, sind in dem darauf folgenden Zimmer auf zwo hinter einander stuffenweise fortgehenden Postamenten von weissem Marmor aufgestellt, die Wände darüber aber mit Friesen aus einem Tempel des Neptuns verziert.

Im nächstgelegenen Zimmer erscheint eine so schöne als seltne Folge von Büsten der Kaiser und Kaiserinnen, die so wohl in Rücksicht ihrer selbst, als auch darum merkwürdig ist, weil sie gewissermaaßen eine Geschichte der nach und nach ihrem Falle sich nähernden Kunst enthält. Auch diese sind auf zwey hintereinander fortlaufende Erhöhungen von weissem Marmor gestellt. Zwo schöne Statuen, ein junger Herkules von schwarzem, und eine Flora von weissem Marmor unterbrechen jene Büsten, an den Wänden aber erscheinen verschiedene sehr schöne Basreliefs.

Und von da traten wir in die Gallerie, deren ich bereits oben gedacht habe. Auch diese enthält einen unbeschreiblichen Schatz von alten Statuen, Grabmalen und Begräbnißurnen, an den Wänden aber sind acht und achtzig alte Inschriften aus dem Kolumbarium der Livia Augusta in zwölf schönen marmornen Einfassungen eingemauert. Neben dem großen eisernen Gitter stehen zwo unschätzbare Säulen von Lapis Chio, eine Art Marmor, die von der Insel Chio, wo er gebrochen worden, den Namen hat. Gegenwärtig heißt man diesen Marmor Porta Santa, weil die Thürgewände der heiligen Thüre in S. Peter von diesem Stein gearbeitet sind.

Den Beschluß macht das sogenannte Miscellanzimmer. Hier sind auf drey über und hinterander sich erhebende Postamente, längst an den Wänden hin, viele vortref=

Sechszehenter Brief.

vortrefliche Werke des Alterthums aufgestellt. Ein Faun von rothen Marmor zeichnet sich in Ansehung der Seltenheit dieses Marmors vor andern aus.

So viel, mein Theurester, von diesem Museum, das Gelehrte und Künstler zu fortwährender Betrachtung auffodert. Ich, der ich Berufs halber die Monumente der Baukunst vorzüglich zu studiren habe, kann dieses Glück nicht so oft geniessen, als ich wünschte.

Unter diesen Monumenten der Baukunst verdient der Triumphbogen des Septimius Severus, den Sie auf Ihrem Kupferstich erblicken, in allem Betracht unsre Aufmerksamkeit. Es ist andem, daß er zu einem Beweis dienen kann, wie weit der Geschmack des Schönen zu den Zeiten dieses Kaisers bereits gefallen war; wenn wir aber unserm Winkelmann glauben wollen, so würden die äußerst schlecht daran ausgefallenen Bildhauereyen und die zum Theil übelgewählten Verhältnisse und Verzierungen desselben nicht dem Mangel besserer Künstler, sondern der Wahl eines der elendesten unter ihnen zuzuschreiben seyn. Werke von spätern Zeiten, die den besten Werken des Alterthums an die Seite gestellet werden können, beweisen dieses augenscheinlich. Eine genauere Beschreibung dieses Denkmals erlaubt mir der Raum meines heutigen Briefes nicht, Sie erhalten sie aber im nächstfolgenden gewiß.

Auf dem hinter diesen Triumphbogen aufwärts gehenden Wege gelangt man auf den Platz des Kapitols, und dieser soll, nach einiger Meynung, noch einer von den Aufgängen seyn, die ehedem auf das alte Kapitol führten. Die Hinterseite des neuen erblicken Sie neben jenem Wege, zu Ihrer Linken, in einem seiner Vorderseite sehr unähnlichem Ansehen, das aber doch eine ganz malerische Wirkung thut.

Die im Vorgrunde sich erhebende schöne antike Korinthische Säule soll ein Ueberrest von einer großen Gallerie seyn, welche Caligula erbauen ließ, und von dem Pallast der Kaiser auf dem Monte Palatino in das Kapitol führte.

Von der neben dem Triumphbogen gelegenen ansehnlichen Kirche ist das Merkwürdigste, daß sie der Römischen Malerakademie gehört und S. Martina e Luka betittelt ist. Sixtus V. räumte sie den Malern ein, und das Haus Barbarini verschwendete große Kosten sie von Pietro di Cortona so geschmacklos aufführen zu lassen, als sie wirklich erscheint. Die Malerakademie hält ihre Versammlungen in den an dieser Kirche angebaueten Zimmern, welche mit Aufnahmestücken der Mitglieder an Gemälden, Modellen von Thon, und architektonischen Zeichnungen ausgeziert sind. Die Hirnschaale Raphaels wird hier in einem verschlossenen Behältniß gezeigt. Vordem war sie öffentlich ausgestellt, der Mißbrauch aber, den junge Leute trieben, ihre Reißfedern an diese Reliquie als an ein wunderthätiges Heiligthum zu streichen, war eine sehr gegründete Veranlassung sie einzuschliessen. Leben Sie wohl, mein Theuerster, und lassen Sie sich die Zeit in dem Campo Vaccino nicht lang werden, denn Sie haben noch eine gute Zeit darinnen zu verweilen.

Siebenzehnter Brief.

Rom, den 3. Julius 1768.

Mein Herr,

Es ist leicht zu erweisen, daß die Alten jeder Art von Gebäuden eine ihr eigenthümliche Form gaben, welche die Bestimmung jedes Gebäudes so kenntbar machte, daß es von allen andern zu unterscheiden war. Sie blieben diesen einmal festgesetzten Idealen so getreu, als wenn sie durch ein Gesetz darzu verbunden wären, und nur alsdann, da die Kunst nach und nach sank, und endlich ganz verschwand, wurde jene weise Konvention vernachläßiget, und die Einbildungskraft unwissender Werkmeister erlaubte sich, neue dem eigentlichen Karakter des aufzuführenden Werks öfters sehr unangemessene Formen und Anlagen. Vitruv macht uns nur mit zwo Arten von Tempeln bekannt, die bey den Griechen eingeführt waren, und welche die Römer, nach dem Zeugniß der noch vorhandenen Tempel in und außer Rom, beybehielten. Der Plan derselben war entweder ein ablanges Viereck oder Zirkelrund. Ihre Verschiedenheit bestand allein in dem größern oder kleinern Umfange, und in mehr oder weniger Verzierungen, die Hauptform blieb immer die nehmliche. Die Grabmale Augusts, Hadrians, der Cecilia Metella und andrer mehr sind in den Hauptformen und Anlagen einander gleich. Die andre Art von Grabmalen, welches die Pyramiden waren, erlaubten ihrer eignen Natur nach eben so wenig große Abänderungen. Sogar die Thermä der Römer, bey deren großem Umfang verschiedene Anlagen zuläßig waren, und die nothwendigerweise den Baumeister oft zu mancherley Veränderungen berechtigten, haben dennoch im Ganzen genommen viele Aehnlichkeit unter einander. Eine eben so eigenthümliche Form gaben sie ihren Triumphbogen, Monumenten, die um so mehr unsre Aufmerksamkeit verdienen, da deren Aufführung noch in unsern Tagen ein wichtiger Gegenstand der Baukunst ist, für welche uns keine andre Theorie als die noch vorhandenen, zum Theil sehr verstümmelten, Beyspiele der Alten übrig geblieben ist.

Da ich Ihnen, Liebster Freund, noch die Beschreibung von dem auf Ihrem vorhergehenden Kupferstich erscheinenden Triumphbogen des Kaisers Septimius Severus schuldig bin, so wage ich es, Ihnen einige meiner Bemerkungen über diese Monumente mitzutheilen, die ich bey den Untersuchungen über das

Entstehen und die Anordnung derselben gemacht habe. Es geht uns hier wie bey mehrern Werken des Alterthums, daß wir aus den noch vorhandenen Bruchstücken auf das Ganze derselben schliessen müssen.

In den Schriften Vitruvs finden wir der Triumphbogen gar nicht gedacht. Wahrscheinlicherweise waren dergleichen Ehrendenkmale zu seinen Zeiten noch nicht vorhanden, und wurden erst unter den spätern Kaisern aufgeführt. Der erste Baumeister, der derselben Erwehnung thut, ist Leon Baptista Alberti. Seine Regeln in Ansehung der Hauptverhältnisse sowohl als der Verzierungen eines dergleichen Gebäudes kommen größtentheils mit den Verhältnissen dieses dem Septimius Severus zu Ehren erbaueten Triumphbogens überein, dessen er aber so wenig als andrer in Italien, Dalmatien und Frankreich annoch vorhandenen Triumphbogen bey dieser Gelegenheit gedenkt. *) Nach ihm hat Serlio verschiedene dieser Monumente in und außer Rom beschrieben, und die Hauptverhältnisse derselben aufgemerkt. **) Palladio und Scamozzi versprechen Abhandlungen und genaue Zeichnungen hiervon, ihre Aufsätze aber sind niemals zum Vorschein gekommen. Die vollständigste Theorie der Triumphbogen haben wir dem mehrmalen gedachten großen Blondel zu danken, ***) Desgodetz aber hat die in Rom vorhandenen mit der größten Sorgfalt gemessen, und seine Zeichnungen hiervon lassen beynahe nichts zu wünschen übrig. †)

„Ich halte dafür, sagt der gelehrte Leon Baptista Alberti, ††) daß die Er=
„findung dieser Bogen denjenigen zuzuschreiben sey, welche die Grenzen des Rö=
„mischen Reichs erweiterten, denn diese vergrößerten, nach dem Zeugniß des Ta=
„citus, alter Gewohnheit gemäß, zu gleicher Zeit die Stadt Rom. Dem Kai=
„ser Claudius schreibt man eine solche Vergrößerung der Stadt zu. Bey Er=
„weiterung der Stadt wurden die alten Stadtmauern und Thore, sowohl der
„Bequemlichkeit halber, als auch vornehmlich deswegen beybehalten, weil man
„dafür hielt, daß sie bey widrigen Schicksalen wider die eindringenden Feinde als
„Schutzwehren gebraucht werden könnten. In der Folge der Zeit befestigte man
„die von den überwundenen Feinden eroberte Beute und Siegeszeichen an diese
„Thore, um sie prächtiger und denkwürdiger zu machen. Von da fieng sich die
„Verzierung dieser Bogen an, welcher man nach und nach Innschriften, Statuen
„und Basreliefs beyfügte."

Der

---

*) Lib. VIII. c. 6.   **) Lib. III.   ***) Cours d'Archit. Partie IV. c. 18.
†) Edifices antiques de Rome, Paris 1682.   ††) Lib. VIII. c. 6.

Siebenzehnter Brief.

Der große Blondel findet die angeführte Meynung dieses Baumeisters edel und nicht ungegründet, stimmt ihm aber denungeachtet nicht bey. *) Seinem Dafürhalten nach ist die Form der Triumphbogen von der Porta Triumphalis genommen worden, welche vormals ohnweit der Gegend sich befand, wo vorjetzo die große Peterskirche und das Vatican erbauet sind. Durch dieses Thor hielten die Sieger ihre Einzüge in die Stadt Rom über den Pons Triumphalis. Die bey dergleichen festlichen Gelegenheiten an diese Porte aufgestellten Siegeszeichen konnten nur einige Zeit daran befestiget bleiben, und mußten den Tropheen eines nachfolgenden Triumphirenden Platz machen. Nach der Zeit führte man an andern Orten der Stadt und selbst außer Rom Triumphbogen auf, welchen man bestimmte und fortdauernde Verzierungen geben konnte. Auf diese Art wurde das Andenken der Sieger auf die edelste Art verewiget. Der Triumphbogen des Kaisers Titus, der am Ende des Campo Vaccino, jedoch sehr verstümmelt, erscheint, wird unter allen noch vorhandenen für den schönsten gehalten. Dieser hat nur einen Durchgang im Mittel, es finden sich aber auch dergleichen Monumente mit zween Bogen von gleicher Größe neben einander und die größten haben deren drey, von welchen der mittlere Bogen die beyden Seitendurchgänge an Größe weit übertrift.

Von dieser letztern Art ist der auf ihrem Kupfer erscheinende Triumphbogen des Septimius Severus. Er wurde jenem Kaiser nach seinem Siege über die Parther, im Anfange des dritten Jahrhunderts, christlicher Zeitrechnung, von dem Römischen Senat errichtet. Zeit und Barbarey haben diesem Monument vieles von seinem ersten Ansehen genommen, und da es bis über die Basen der Säulen in Schutt begraben liegt, so würde ich nicht im Stande seyn, Ihnen, mein Bester, die Verhältnisse dieses Gebäudes so deutlich und bestimmt anzuzeigen, wenn jene um die Baukunst so verdienten beyden Männer, Blondel und Desgodetz, nicht hätten nachgraben lassen und so deutliche Beschreibungen und Zeichnungen hiervon hinterlassen hätten.

Die ganze Breite dieses Monuments verhält sich zu seiner ganzen Höhe wie zehen zu neune, zu der Höhe der Säulenordnung aber, mit Innbegriff des Gebälkes, ohngefehr wie sieben zu vieren. **) Wenn wir diese Breite in siebenzehen

---

*) Cours d'Archit. Partie IV. l. II.

**) Diese Verhältnisse sind zum Theil aus dem Cours d'Architecture des großen Blondels entlehnt, zum Theil von mir berechnet, in großen Zahlen angenommen, und dahero einer mathematischen Genauigkeit, die eine Menge Brüche darlegen würde,

zehen Theile theilen, so geben fünf hiervon die Oefnung des mittlern großen Bogens, sechs Theile aber die Stärke jedes der beyden Seitenschäfte, in deren Mitteln die kleinern Bogen angebracht sind. Jeder dieser Seitenschäfte in fünf und zwanzig Theile getheilt, giebt neun dieser Theile zur Breite der kleinern Oefnungen, und acht jedem Nebenpfeiler dieser letztern. Vier Säulen von Römischer Ordnung stehen in den Mitteln der sich hierdurch ergebenden vier Schäfte, und halten den dritten Theil derselben im Durchmesser. Diese Säulen sind freystehend und $1\frac{1}{2}$. Modul von der Mauer abgesetzt, die hinter denselben angebrachten Pilaster aber stehen um ihren zwölften Theil vor der Mauer heraus und sind gleich den Säulen verjüngt. Das Gebälke springt über jeder Säule besonders hervor, und eben so die Postamente der Säulen.

Von der ganzen Höhe dieses Gebäudes, wenn sie in achtzehen Theile getheilet wird, kommen vier dieser Theile zur Höhe des Postaments, neun für die Höhe der Säulen, zween für das Gebälke und drey Theile auf die Atticke.

Die Breite des mittlern großen Bogens verhält sich gegen seine Höhe wie zehen zu siebenzehen, und die Breite der kleinern zu ihrer Höhe wie fünf zu zwölfen.

Die Hauptverhältnisse der Säulenordnung sind folgende: Die untere Zocke beträgt den achten Theil des Postaments. Dieses von neuen in sechs und funfzig Theile getheilt giebt sieben davon dem Plinthus, sechs der Base, sieben und dreyßig dem Würfel, und sechs der Kornische desselben. Die Höhe der Säule hält mit Inbegriff der Base und des Kapitäls zwanzig Modul, sie ist aber noch auf einer besondern Zocke erhöht, die zwey Drittheil eines Moduls hoch ist. *) Die Base der Säule ist die Attische und hat einen halben Modul zur Höhe, das Kapitäl aber zwey und ein Viertheil Modul. Von der Höhe des Gebälkes kommen zween Theile zur Höhe des Architravs, ein Theil auf die Frise und drey Theile zur Kornische. Diese letztern Verhältnisse des Gebälkes stehen mit den Verhältnissen andrer schönen Gebälke aus dem Alterthum sehr in Widerspruch. Bey alle dem aber sind sowohl die Kornische als der Architrav nicht ohne große Schönheiten. Ersterer ist Jonisch mit Zahnschnitten, in großen Styl profilirt.

Die würde, nicht unterworfen. Die Breite dieses Gebäudes überhaupt beträgt 71. Par. Fuß, $6\frac{1}{4}$. Zoll. Die Höhe 62. Par. Fuß, $10\frac{7}{8}$. Zoll. Der Durchmesser der Säule aber 2. Fuß, $8\frac{1}{2}$. Zoll.

*) Diese Zocke würde ich für Vitruvs Scamillum ansehen, wenn ich mit Bernardinus Baldus gänzlich einverstanden wäre.

Siebenzehnter Brief.

Die Verzierungen der Glieder sind nicht zu häufig, sind an ihren Platz angebracht und schön gearbeitet. Eben dieses läßt sich auch von dem Architrav behaupten, die Friese aber ist nach allen Begriffen von der Schönheit und den Ursachen des Gebälkes zu niedrig. Sie ist übrigens ganz ohne alle Verzierungen, und durch einen Anlauf mit dem Architrav verbunden.

Die ganze Höhe der Atticke mit der Zocke darüber in neunzehen Theile getheilt, giebt drey Theile der untern Zocke, einen Theil der vorspringenden geraden Platte darüber, einen Theil der Base, zehen Theile dem Würfel, zween der Kornische, und eben so viel der obern Zocke. Ueber den beyden äußern Säulen sind an dieser Atticke Vorsprünge angebracht, das übrige nimmt eine mit Simmßwerk eingefaßte Innschrift ein, deren Buchstaben zween Fuß in der Höhe halten und von Bronze gewesen seyn sollen, sie sind aber alle, wie die Römer sagen, von den Gothen abgerissen worden. Die Versimmßungen sind auch hier in großen Geschmack profilirt und verziert. Der obere Hauptsimmß endiget sich unten unter der hängenden Platte mit Zahnschnitten, die keine Glieder weiter unter sich haben, wie doch sonst gewöhnlich ist.

Wir kehren aber wieder zu den untern Bogen zurück. Die Pfeiler derselben haben keine Zocken, sondern gehen bis auf den Boden gerade fort. Die Kämpfer des mittlern großen Bogens sind gegen die nächstanstehenden Pilaster profilirt, und eben so die Kämpfer der kleinern Seitenbogen, welche aber auf der andern Seite des äußern Pilasters wieder anheben, und äußerlich um den Pfeiler sich fortbewegen. An beyden sind Zahnschnitte angebracht, eine Verzierung, die hierher nicht zu gehören scheint. Innwendig haben die zween mittlern Pfeiler noch kleinere Bogenthüren, durch welche man aus einem der drey Durchgänge in den andern gelangt. Die Kämpfer dieser letztern gehen an dem Innwendigen der Pfeiler fort, bewegen sich an den Ecken herum, und stoßen an die Würfel der Säulenpostamente gleich unter ihren Kornischen an. Diese Kämpfer, welche vorjetzo unter dem Schutt begraben liegen, können niemals eine gute Wirkung gethan haben. Am Schlußstein des großen Bogens ist die Figur des Kaisers auf einem überworfenen Blatt stehend vorgestellt, eine seltsame Idee, die keine andere Rechtfertigung als in den damaligen Zeiten haben kann, denn man findet ein Gleiches an den Triumphbogen des Titus und Konstantins des Großen. Auf die nehmliche Art erscheinen Figuren von Gottheiten an den Schlußsteinen der kleinern Bogen. Der Raum über diesen letztern bis unter den Architrav der Säulenordnung zwischen den Pilastern ist mit Basreliefs verziert, die so wie die Victorien und andre Figuren über den Bogen in dem übelsten Geschmack angeordnet und ausgeführt sind.

Vor der Hand ist nur der große Bogen noch gangbar, dasjenige aber was von den kleinern noch über die Erde herausragt, ist mit schlechten Mauern verschlossen, und dient den hier feilhabenden Töpfern und andern Handelsleuten zu Vorrathskammern. Alle drey Bogen sind inwendig mit viereckigen Vertiefungen und Rosen reich verziert.

Darf ich nach allem diesen meine Meynung über den Mann wagen, welchem die Anordnung und Ausführung dieses Monuments anvertrauet wurde, so dünkt mich daß dieser ein mit dem wahren Geschmack wenig bekannter Werkmeister gewesen seyn dürfte. Vielleicht hatte er unter der Leitung eines würdigern Baumeisters schöne Werke dargestellt, die ihm einen Namen gemacht hatten. Vortresliche Muster die vor ihm lagen und aufbehaltene praktische Regeln, setzten ihn in Stand ein Werk darzustellen, das zwar Schritt vor Schritt seine seichten Kenntnisse verräth, das aber doch in andern Betracht von Seiten der Baukunst Aufmerksamkeit verdient.

Aber, mein liebenswürdiger Freund, was werden Sie von mir denken? Noch kein Wort von dem alten Forum Romanum, von dem Sie die Abbildung mit diesem Briefe erhalten! Und hier erblicken Sie doch auf einmal verschiedene sehr merkwürdige Gegenstände, für deren Beschreibung Ihnen bey meiner Geschwätzigkeit wohl ein wenig bange werden möchte!

Daß gegenwärtige von dem Gräuel der Verwüstung zeugende Gegend zu dem alten Forum Romanum gehört, darinnen kommen die Alterthumsforscher mit einander überein. Die Gränzen dieses Forums aber haben ihnen Gelegenheit zu einer Menge gelehrter Streitschriften gegeben. Sehen Sie da einen Schauplatz der denkwürdigsten Begebenheiten, wenn wir uns der vormaligen Größe Roms erinnern, in unsern Tagen zu dem öffentlichen Viehmarkt herabgewürdiget, welche Bestimmung ihm auch den Namen Campo Vaccino gegeben hat.

Die Gegenstände, welche Sie bey Ueberschauung Ihres Kupfers gewahr werden, sind drey Korinthische Säulen mit ihrem Gebälke und hinter diesen der Mons Kapitolinus mit einigen Ueberbleibseln des Kaiserlichen Pallasts, dessen Größe und Pracht uns kaum noch denkbar seyn können. Die zum Theil sich darstellende Kirche S. Maria Liberatrice und verschiedene schlechte Häuser sind an diesen Berg angebauet. Hier sollen die Rostra oder die Bühnen der Redner, welche mit eroberten Schiffschnäbeln verziert waren, gestanden haben. Neben jenen Gebäuden erhebt sich mit ehrwürdiger Einfalt der Tempel des Romulus

und

Siebenzehnter Brief.

und Remus, die auf dieser Stelle gefunden wurden, und diesem gegen über erblicken Sie Ställe und Heuscheunen, zu welchen die jetzige Bestimmung dieses Platzes Veranlassung gegeben hat. Der im Mittel der Perspective sich erhebende Berg ist der Mons Aventinus. Jene vortrefliche Schaale von Granit, von außerordentlicher Größe, in welche der neben ihr errichtete moderne Springbrunnen sein Wasser ausgießt, dient vorjetzo dem Vieh zur Tränke. Hier soll der Abgrund gewesen seyn, in welchen sich Kurtius hinabstürzte.

 Welcher unter diesen mehr oder minder wichtigen Gegenständen meine Untersuchungsbegierde am ersten angelockt, werden Sie sogleich selbst errathen. Ja, mein Werthester, diese drey Säulen jedem Liebhaber der Baukunst als vorzügliche Muster der Korinthischen Säulenordnung in ihrem größten Reichthum denkwürdig. Die Meynungen über ihre ehemalige Bestimmung sind verschieden, und da ich nicht glaube, daß Ihnen damit gedient seyn möchte, diese nach der Reihe anzuhören, so bleibe ich bey der stehen, die von den meisten angenommen ist. Nach dieser sollen sie zu einem Tempel des Jupiter Stator gehört haben. Daß aber, wenn diese Meynung mit der Wahrheit wirklich übereinkommt, der von Romulus aufgeführte Tempel dieses Namens nicht zu verstehen sey, bedarf keines Beweises. Zu Romulus Zeiten waren weder die Kunst noch die Pracht auf diesen Grad von Vollkommenheit gestiegen. Es muß also hierunter ein, vielleicht auf die Stelle des erstern, in neuern Zeiten (da man anfieng viele Verzierungen anzubringen) aufgeführter Tempel zu verstehen seyn. Labacco, welcher sagt, daß diese Säulen von einem Tempel des Vulkans übrig geblieben, und Palladio haben diesen Tempel aus der Idee, und zwar sehr verschieden in ihren Schriften abgebildet und hierbey die Vorschriften Vitruvs zum Grunde gelegt. Beyde aber beweisen nichts, als daß bereits in der Hälfte des sechszehnten Jahrhunderts nicht mehr als diese drey Säulen hiervon noch vorhanden gewesen. Chambray gedenkt derselben in seiner Parallele der alten und neuen Baukunst gar nicht. Wahrscheinlicherweise haben diesen ernsthaften Schriftsteller theils ihr Reichthum, theils die verschiedenen Abweichungen von dem nach den Regeln Vitruvs angenommenen Sistem der Korinthischen Ordnung davon abgehalten. Der Durchmesser dieser drey Säulen beträgt gleich über der Base 4. Pariser Fuß, 5. Zoll 9. Linien, nach Dreßdner Maaß ohngefehr $2\frac{1}{2}$. Ellen. Sie sind von weißen Marmor, bestehen aber nicht aus einem Stück, sondern die mittlere derselben aus fünf, die zwo andern aber jede aus vier Stücken. Ihre Verjüngung hebt sich gleich über der Base an und beträgt unter dem obern Astragal ein Sechstheil des untern Durchmessers. Die Höhe der Säulen übersteigt

das

das von Vitruv vorgeschriebene höchste Maaß (das ist zehen Durchmesser,) um ein Zehentheil, die Zwischenweiten aber betragen sehr wenig über zween und einen halben Durchmesser. Wir finden also hier das Picnostylos der Griechen, das ist, die größte Höhe bey der wenigsten Entfernung der Säulen. Das Gebälke darüber hält den vierten Theil der Säulenhöhe. Die Theile desselben, der Architrav, die Frise und die Kornische verhalten sich gegen einander wie 17. 13. und 28. so daß die Kornische beynahe so hoch ist als der Architrav und die Frise zusammen genommen. So außerordentlich aber dieses Verhältniß an sich selber ist, so thut es doch hier eine große Wirkung. Die Meynung einiger neuen Kunstrichter, welche dafür halten, daß dieser Tempel von andern Gebäuden umgeben gewesen und dahero nur in geringer Entfernung betrachtet werden können, dünkt mich nicht ohne Grund zu seyn, und rechtfertiget die in Allem so hoch angenommenen Verhältnisse. Der Architrav ist nicht allein seiner übrigen schönen Profile wegen, sondern auch darum merkwürdig, weil der mittlere von dreyen Streifen aus welchen er besteht, mit fortlaufenden Laubwerk verzieret ist. Der einzige Fall aus dem Alterthum, wo diese Verzierung an dem Architrav angetroffen wird. Die Frise dagegen ist ganz glatt. An der Kornische sind sowohl Modillons als Zahnschnitte angebracht, erstere ungewöhnlich niedrig aber sehr weit ausgeladen, letztere aber von einer an andern Gebälken nicht anzutreffenden Größe. Die Verzierungen der Glieder sind wunderschön und mit ganz unbeschreiblichen Geschmack und Sorgfalt ausgeführt. Das Kapital entspricht jenen an vorzüglicher Schönheit und hat das Besondere, daß die unter der Rose des Abacus emporsteigenden Schnecken mit ungemeiner Kunst sich durch einander durchschlingen. Die Base, welche vorjetzt unter der Erde verborgen, ist nach dem Zeugniß des Desgodetz, welcher deßhalber nachgraben lassen, die allgemein angenommene Korinthische.

Von der Kirche S. Maria Liberatrice könnte ich Ihnen ein Haufen Wunderdinge erzählen. Von Seiten der Baukunst hat sie Vorzüge in Ansehung des Stils vor vielen neuern.

Der Tempel des Romulus und Remus, der in neuern Zeiten zu einer Kirche des heil. Theodorus umgeschaffen worden, ist ohne alle architektonische Verzierungen und zeugt von einem hohen Alterthum. Man steigt auf einigen Stufen hinabwärts zu demselben, denn der Boden ist, so wie die übrigen zum Theil in die Erde begrabenen alten Ueberbleibsel zu erkennen geben, vorjetzt um ein gutes Theil höher als vormals. Hier soll die Wölfin von Bronze, die in den Sälen des Campidoglio aufbehalten wird, gefunden worden seyn. Andre und mit ihnen

Piranesi

Piranesi wollen, daß die einem alten runden Tempel ähnliche Vorhalle der Kirche des Cosmus und Damianus der Tempel des Romulus und Remus gewesen sey, und dieser hingegen der wahre alte Tempel des Jupiter Stator. Das wissen Sie aber schon, mein liebster Freund, daß ich weder Beruf noch Lust habe, mich in dergleichen Kontroversen einzulassen.

Achtzehnter Brief.

Rom, den 17. Julius 1768.

Mein Herr,

In welcher übeln Laune beschuldigen Sie mich der Unbilligkeit gegen unser aufgeklärtes Zeitalter! „Muß denn," beliebt es Ihnen zu sagen, die Zeit „erst eine moosige Rinde über dasjenige gezogen haben, was Sie schön „finden sollen?" Es mag dieses nun Ernst oder Scherz von Ihrer Seite seyn, so bekenne ich Ihnen doch ganz offenherzig, daß mich dieser Vorwurf betroffen machte, und da ich es nicht wagte in meiner eignen Sache Richter zu seyn, so gieng ich alsbald zu meinem alten guten Freunde.

„Nein, mein Bester, Ihre Bemerkung ist nur gar zu richtig. Das was „Sie mir von Ihrem Gefühl bey Betrachtung alter und neuer Gebäude sagen, „hatte mich eben so mißtrauisch gegen mich selbst gemacht. Nach allen Einwür-„fen aber, die ich mir in einer Reihe von Jahren zu machen fähig war, blieb „meine Ueberzeugung noch immer so lebhaft als vorher. Die Alten arbeiteten „mit Gefühl und Geschmack und unsre Neuern nach trocknen Regeln." So antwortete mir dieser mit den Werken der Alten so bekannte, und durch oft wiederholte Betrachtungen überzeugte Mann, bey dem ich mich so gerne Raths erhohle, wenn mein Künstlergewissen zuweilen aufwacht, wenn Zweifel wider mich selbst in mir entstehen. Ich bekennete ihm ganz offenherzig, daß ich bey Betrachtung der Werke der Alten unvermerkt weiter geführt würde, als mir der erste Anschein derselben, so große Wirkung er auch auf mich gethan, hätte hoffen lassen, anstatt daß die Werke der Neuern immer mehr zu versprechen schienen, als ich bey näherer Untersuchung fände. Daß ich hier so geistlose Vernachläßigungen anträfe, die mich zu weitern Untersuchungen ganz unfähig machten. So viel muß ich Ihnen gestehen, daß diese seltsame Wirkung auf mich mir schon verdächtig war, ehe ich Ihren Brief erhielt, ich konnte mich nicht entschließen die

Zweyter Band.   G   Schuld

Schuld hiervon auf die Gegenstände meiner Betrachtungen zu schieben, und fieng dahero selbst an bey mir zu argwohnen, daß wohl Vorurtheil und übertriebene Achtung für alles was antick ist, die erste Ursache meiner Denkungsart seyn könnte. Aber wie willkommen, wie ganz nach meinem Sinne war mir die Antwort, meines lieben Mentors! Ich war so entzückt, daß ich beynahe glaubte, die Pallas Athäná redete mit mir unter seiner Gestalt.

Wie gerne verwiese ich Sie, bester Freund, zu den Werken der Alten selbst, wenn ich Ihnen zumuthen dürfte eine so weite, beschwerliche und kostbare Reise zu machen. Und doch verdiente ein so boshafter Vorwurf eine so wohlthätige Bestrafung noch kaum. Hier in Rom würde es mir wenig Mühe kosten, Sie zu einem so großen Verehrer des Alterthums umzuschaffen, daß ich zu besorgen Ursach hätte, Sie möchten mich vielleicht der Lobsprüche wegen, die ich einigen neuern Gebäuden beygelegt habe, zur Rede setzen. Ich wollte Sie aber doch gerne auch ohne dieses überzeugen. Zu Werken der Baukunst kann ich Sie nicht verweisen, denn, wie ich Ihnen schon vormals gesagt habe, so urtheilt man nach Kupfern sehr schlecht, und Originale sind in unserm Vaterlande nicht vorhanden. Von den Werken der Bildhauerey der Alten aber sind wir so glücklich nicht allein verschiedene schöne Urbilder, sondern auch Abgüsse von einigen Hauptstücken zu besitzen. Stellen Sie neben diese die Abgüsse der vorzüglichsten Werke der Neuern, wenn Sie sodann mit jenem Tramontaner den Merkurius von Pigalle in Sanssouci dem Vatikanischen Apollo, dem Laokoon, dem Farnesischen Herkules vorziehen, so — Doch das ist ja wohl bey Ihrer Denkungsart nicht möglich.

Homer ward schon von den Alten selbst zum Muster der Nachahmung vorgestellt, und Raphaels Werke werden nach dem Ausspruch der größten Männer von den Werken der Alten so weit übertroffen, als sie alle Werke späterer Künstler hinter sich lassen. Der Geist der Kunst, der große Stil, das männlich Erhabene findet sich auch in den fehlerhaften Werken der Alten in einem so hohen Grad, den nie ein Werk der Neuern erreicht hat. Welche unbegreiflich schöne, nicht nach einem unbedingten Maaßstab gewählte Verhältnisse! Welche geistreiche und bestimmte Profile! Wie harmonisch und geschmackvoll behandelt!

Wollten Sie aber in dem Mechanischen der Kunst neue durch sinnreiche Erfahrung gemachte Entdeckungen der Neuern suchen, so denke ich werden Sie gar bald auch von dieser Untersuchung abstehen. Es ist nicht selten unbegreiflich, mit welchen Maschinen die Alten Stücken von Marmor, von bey uns ganz ungewöhnlicher Größe auf ansehnliche Höhen übereinander gesetzt, und mit einer

Genauig-

Achtzehnter Brief.

Genauigkeit untereinander verbunden haben, daß man kaum die Fugen derselben gewahr wird.

Verzeihen Sie mir, mein Theuerster, diese freylich ein wenig lang gerathne Rechtfertigung, deren Sie sich aber gewiß versahen. Ich weiß Sie setzen so gerne als ich die Betrachtung der alten Monumente auf dem Campo Vaccino fort, und hier haben wir heute ein schönes Stück des Alterthums zu unserm Gegenstande. Sie erblicken den Tempel des Antoninus Pius und der Faustina, welcher den größten Theil ihres Kupferstichs einnimmt. Dieser Tempel wurde von dem Nachfolger des Antoninus dem Marcus Aurelius, und zwar zwischen den Jahren 160. bis 180, Christlicher Zeitrechnung, erbauet, und solchemnach vielleicht kaum dreyßig Jahr eher als der Triumphbogen des Septimius Severus, von welchem ich Sie in meinem vorigen Brief unterhalten habe; Zu einer Zeit, da die Kunst schon sehr ihrem Falle sich zuneigte. Inzwischen ist dasjenige was hiervon bis auf unsre Zeiten sich erhalten hat, an Schönheit und Geschmack jenem Bogen um Vieles vorzuziehen. Im Mittel des sechszehnten Jahrhunderts muß nach dem Zeugniß des Palladio noch viel von diesem Tempel vorhanden gewesen seyn, was vorjetzt theils mit Erde bedeckt, theils gänzlich vernichtet worden. Jener Baumeister giebt uns nicht allein die sämmtlichen Maaße von dem unter den Säulen und der Cella fortgehenden Podium, welches vor der Hand gar nicht mehr sichtbar ist, sondern sagt auch, daß er die Ueberbleibsel des vor diesem Tempel erbaueten schönen Vorhofs vollends habe abtragen sehen. Auch von diesem hat er seinen architektonischen Schriften Zeichnungen einverleibt, die uns in allen Rücksichten schätzbar seyn müssen. *) Im Mittel dieses Vorhofs soll nach Palladio die Statue des M. Aurelius, die er vor eine Statue des Antoninus hält, und jetzo auf dem Platz des Campidoglio aufgerichtet ist, gestanden haben, dieser Meynung aber widersprechen andre Nachrichten. Vor der Hand sind nicht mehr als zehen Säulen, welche das Pronaos dieses Tempels aus=

---

*) So ungern ich das Zeugniß des würdigen Palladio verdächtig mache, so gegründete Einwürfe macht ein neuer Schriftsteller wider diesen Vorhof, wenn er sagt: daß Palladio an dem so nahe gelegenen Tempel des Romulus oder Remus bey seinem Plan nicht gedacht haben könne, welcher in dem Bezirk, den er darzu genommen hat, sich wirklich befindet, außerdem aber würde dieser Vorhof die via sacra, auf welcher die Sieger nach dem Kapitol zogen, und die Priester ihre Processionen hielten, wenn sie dem Jupiter alle Monate solenne Opfer brachten, ganz versperrt haben. Temples anciens et modernes Partie I. p. 15.

ausmachten, und die Kapitäler der an den Ecken der Cella hinter jenen angebrachten Pilaster noch vorhanden, die Pilaster selbst aber, welche wahrscheinlicherweise von Marmor in die Mauer inkrustirt waren, sind weggenommen worden. Von dem Gebälke haben sich der Architrav und die Frise an dem Eingange noch gut erhalten, von der Kornische aber liegen nur noch hier und da einzelne Stücken. Sechs jener Säulen formiren die vordere Ansicht des Tempels, von den übrigen vieren stehen zwo auf jeder Seite hinter denselben und machen zusammen die Vorhalle aus. Von der an dieses Pronaos anstoßenden neuen Kirche, die den Raum der Cella des alten Tempels einnimmt, und die in so mancher Betrachtung mit dem alten Eingange kontrastirt, läßt sich nicht viel Denkwürdiges sagen. Sie wurde im Jahr 1602. mit dem an ihrer Hinterseite anstoßenden Hospital, auf Kosten der Apotheckerinnung, von einem gewissen Torriani erbauet und führt den Namen S. Lorenzo in Miranda. Wie viel der alte Tempel bey diesem neuen Bau gelitten habe, läßt sich leicht begreifen, und doch müssen wir Herrn Torriani großen Dank wissen, daß er noch so glimpflich damit umgegangen ist.

Aus dem nun was sich wirklich bis auf unsre Zeiten erhalten hat, wird es nicht schwer sich den Tempel ganz vorzustellen, und Palladio hat nach meinem Bedünken uns den Plan und die Ansichten desselben sehr wahr dargestellet.

Wir erblicken hier die Art von Tempeln, welche Vitruv Prostylos nennt, mit einem Pronaos oder Vorhalle von Säulen am Eingange, ohne Säulengänge auf den Seiten; Hexastylos, das ist, mit sechs Säulen in einer Linie; und Picnostylos, mit Säulen die ohngefehr einen und einen halben Durchmesser von einander abstehen und zehen Durchmesser zur Höhe haben. Die mittlere Säulenweite ist um den neunten Theil größer als die übrigen. Wenn ich Ihnen von zehen Durchmessern der Säulenhöhe gesagt habe, so müssen Sie dieses nicht im strengsten Verstande nehmen, denn die Alten giengen hier zum öftern von den Vitruvischen Regeln ab, und so wie jene Säulen von dem Tempel des Jupiter Stator um einen Zehntheil eines Moduls das Maaß Vitruvs überstiegen, so haben diese den dritten Theil eines Moduls weniger zu ihrer Höhe. Sie sind von der Korinthischen Ordnung mit Attischen Basen, die aber mit Erde bedeckt sind. Die Kapitäler und Basen sind von weißen Marmor, und von eben dieser Materie ist das Gebälke, die Stämme der Säulen aber bestehen aus einem dem Jaspis ähnlichen Marmor, von einer so besondern Gattung, daß einige in derselben eine durch Kunst zusammen gesetzte Steinart zu finden geglaubt haben. In der That aber ist sie wohl ein Produkt der Natur. Noch seltsamer aber ist der Einfall

einiger

Achtzehnter Brief.

einiger Neuern, die den Granit für eine Komposition angesehen haben. Da der Stein, aus welchem jene Säulen bestehen, sehr hart und schwer zu bearbeiten ist, so sind sie nicht kannelirt, so wenig als die Porphir= und Granitsäulen, von welchen letztern hier in Rom eine große Menge gefunden wird. Säulen von Marmor aber treffen wir selten oder gar nicht ohne Kannelirungen an. Die Basen haben einen halben Durchmesser zur Höhe. Daß dieses nur bis über den obern Torus oder Bund zu verstehen sey, darf ich wohl nicht erst erinnern, denn das Plättchen darüber mit dem Anlauf, so wie das Astragal oberhalb des Säulenstammes gehören zu diesem selbst, und sind von den Alten mit dem Stamm allemal aus einem Stück gearbeitet worden, auch dann wenn die Säulen aus mehrern Stücken zusammengesetzt sind. Bey Säulen deren Stämme aus einer andern Art Marmor als ihre Kapitäler und Basen bestehen, wird dieses unbedingt nothwendig, es giebt aber auch außerdem gleich über dem Anlauf eine sehr unangenehme Fuge, wenn jenes Plättchen mit an die Base gearbeitet wird. Demungeachtet geschieht dis nicht selten in unsern Tagen. Das Kapitäl hat zween und einen Sechstheil Modul zur Höhe und ist schön behandelt. Die Verjüngung der Säule hebt gleich über der Base an und beträgt unter dem obern Astragal noch nicht ganz den achten Theil der untern Säulenstärke. Die Höhe der Säule aber beträgt drey und vierzig Pariser Fuß. Dieses trift mit der Lehre Vitruvs *) genau überein, welcher einer Säule zwischen vierzig bis funfzig Fuß hoch den achten Theil des untern Durchmessers zur Verjüngung giebt.

Ueber dem Abakus des Kapitäls ist eine besondere viereckigte Unterlage ohngefehr einen Pariser Zoll hoch angebracht, auf welcher der Architrav ruhet. **) Die Höhe des ganzen Gebälkes übersteigt um sehr wenig den vierten Theil der Säulenhöhe.

---

*) Lib. III. c. 2.

**) Diese Unterlage, welche von unten gar nicht sichtbar ist, wird zwar nicht bey allen aber doch bey mehrern Gebäuden des Alterthums, die ansehnlichste aber über dreyen von dem Kapitolinischen Berge fast bis unter dem obern Astragal verschütteten Säulen, die zu dem Tempel des Jupiter Tonans gehört haben sollen, gefunden. Diese beträgt an vier Französische Zolle und ist in zwo Lagen doppelt übereinander angebracht. Sollten dieses nicht Vitruvs so bestrittenen Scamilli impares seyn, die hier vor Augen liegen, und von so manchem Gelehrten vergebens gesucht worden sind? Selbst Bernardinus Balbus, der, wenn anders meine Entdeckung mit der Wahrheit übereinkommen sollte, dieser Meynung sehr nahe kam, und der große Blondel, der so vortrefliche Bemerkungen über die Gebäude der Alten hinterlassen hat, und die Gedanken des Bernardinus sehr wahrscheinlich findet, giengen hier vorbey, ohne sie gewahr zu werden.

lenhöhe. Die Kornische, die Frise und der Architrav desselben stehen in einem Verhältniß wie 52. 40. und 43. unter einander. Erstere nähert sich der Jonischen mehr als der Korinthischen, hat weder Modillons noch Zahnschnitte und weichet

Wir finden aber ähnliche Unterlagen unter den Basen der Säulen an dem Tempel der Vesta zu Tivoli, und dem Tempel des Bachus auf der Halbinsel Delos. †) Diese Basen haben keinen Plinthus, und die von Vitruv dabey gebrauchte Worte, „sub „columnarum spiris," welche nur von runden Gliedern verstanden werden können, ††) ließen eben nicht gezwungener Weise die Basen ohne Plinthus auf einem fortgehenden Podium erkennen. †††) Hierzu kommt noch, daß nach der Bemerkung des Le Roy ††††) dieser Plinthus an Werken des hohen Alterthums nicht angetroffen wird, sondern erst unter den Kaisern der Base gegeben wurde, wie er solches mit verschiedenen Beyspielen bewährt. Wenn man nun mit Baldus das Wort Scamillum als ein Diminutivum von Scamnum annimmt, und eine kleine Unterlage oder Erhöhung übersetzt, zu welcher Uebersetzung uns die angeführten Beyspiele um so mehr berechtigen, so bleibt nur noch die Bedeutung des Wortes impar, das von jeher die größten Schwierigkeiten gemacht hat, zu bestimmen übrig. Wird aber dieses Wort in der Bedeutung genommen, die Scaliger bey Erklärung einiger Stellen des Kato und Varro *) annimmt und mit verschiedenen Beyspielen aus andern Schriftstellern darthut, so dünkt mich, ist diese Schwierigkeit auch gehoben. Nach Scaligers Auslegung bedeutet dieses impar bey jenen alten Scribenten zuweilen so viel als succedaneus, superuacaneus, etwas das nur unter gewissen Bedingungen und Umständen hinzukommt und anwendbar, nicht immer nothwendig und in Gebrauch ist. Diese Bedeutung angenommen übersetze ich jene Stelle Vitruvs **) wo er von den scamillis imparibus redet, folgendermaaßen:

„Wenn auf drey Seiten eines Tempels ein Podium herum geführt werden soll, „so müssen so wohl der Plinthus und die Kehlleisten der Base desselben, als das Mas„sive mit seinen obern Bekrönungsgliedern mit denjenigen, welche an dem Postament „das unter den Basen der Säulen sich befindet, angebracht sind, in Allem gleich fortge„hen.

†) Ionian Antiquities C. 1. Pl. 3 und 4.
††) Goldmann nimmt das Wort spira auch in dieser Bedeutung. Anweisung zur Civilbaukunst, pag. 12.
†††) Lib. 3, cap. vlt.   ††††) Monuments de la Grece, Tom. II. pag. 18. edit. I. de ao. 1758.
*) Scriptores R. R. lat. Editio II. Gesneri.   M. Cato c. 4. pag. 10.   Varro l. I. c. 1. 7. pag. 144.
**) Lib. 3. cap. vlt. Sin autem circa aedem ex tribus lateribus podium faciendum erit, id constituatur, vti quadrae, spirae, truncus, coronae, lysis, ad ipsum stylobatam, qui erit sub columnarum spiris, conueniant. Stilobatam ita oportet exaequari, vti habeat per medium adjectionem per Scamillos impares: Si enim ad libellam dirigetur, alueolatus oculo uidebitur. &c.

Achtzehnter Brief.

weichet von den angenommenen klaßischen Mustern beyder Ordnungen gänzlich ab. Sie hat aber dem ungeachtet große Schönheiten, und ist im großen Stil profilirt. Ein ansehnlicher schön ausgeladener Rinnleisten mit einem kleinen Kehlleisten darunter,

„hen. Das Postament selbst aber muß dergestalt gleich gearbeitet seyn, daß es im „Mittel eine Erhöhung durch besondere Unterlagen erhalte: Denn wenn diese obere „Fläche ganz waagrecht gehalten ist, so wird sie dem Auge ausgehölt oder vertieft „scheinen."

Daß Vitruv hier die Regeln der Optik in Betrachtung zieht, und auf dasjenige rechnet, was der Vase durch den Vorsprung der darunter fortlaufenden Kornische scheinbarerweise genommen wird, ist aus andern Stellen dieses Scribenten zu erweisen. Wollen Sie sich, bester Freund, die Mühe geben und des Bernardinus Baldus kleine Abhandlung, die er Scamilli impares Vitruviani betittelt hat, durchlesen, so denke ich dürfte Sie dieses noch besser in Stand setzen, meine neue Lehre zu beurtheilen. Wenn Vitruv sagt, daß die Oberfläche des Podiums unter den Säulen vertieft scheinen würde, so dünkt mich habe er damit sagen wollen, daß die Basen der Säulen in selbige einzusinken scheinen, welchen widrigen Effekt durch die Erhöhung der untergelegten Skamillen abgeholfen wurde.

Von jener über den Abakus des Kapitäls erscheinenden Unterlage oder Erhöhung auf ähnliche Unterlagen über dem Postament zu schliessen, berechtigen mich die weiter unten in eben diesem Kapitel von Vitruv gebrauchten Worte, wenn er von der Stellung der Kapitäler handelt. Diese Worte, welche nach der Erklärung Philanders, des Daniel Barbaro und derjenigen, die ihnen nachgefolget, niemals verständlich seyn können, werden, ohne Ruhm zu melden, nach meiner einleuchtend deutlich, und bestärken mich in meiner Ueberzeugung um so mehr. Sie lauten nach meiner Uebersetzung also: †)

„Wenn die Kapitäler der Säulen (nach der Anleitung, die er zuvor hierzu gege- „ben) zu Stande gebracht, und nicht bis zu der waagrechten Linie des Architravs, „sondern nach einem gleichen Maaß unter einander (oder in gleicher Höhe) aufgestellt „worden, so daß eben die Erhöhung, welche über dem Postament angebracht worden, „auch hier Platz finde, so gehen die Architraven von einer Säule zu der andern mit „ihren obern Gliedern gerade darüber fort."

Daß das Wort Symmetria in der Bedeutung, die es jetzo hat, gar hier nicht genommen werden könne, noch weniger von Vitruv jemals genommen worden, beweisen unzählige Stellen dieses Schriftstellers.

Einem

---

†) Capitulis perfectis deinde columnarum, non ad libellam, sed ad aequalem modulum collocatis, vti quae adjectio in stylobatis facta fuerit, in superioribus membris respondeat symmetria epistyliorum. Lib. III. c. 3. nach der Lesart der C. C. V. V.

unter, beyde glatt und ohne alle Verzierung, bekrönen die hängende Platte, auf der eine Verzierung von Kanälen fortgehet. Der untere Theil jenes Kehlleisten hat über der hängenden Platte keinen Vorsprung, sondern wird blos durch die Verzierung der letztern abgesondert; eine Art zu profiliren die den herannahenden Fall der Kunst verräth. Unter der hängenden Platte ist ein großer Echinus angebracht, der hier eine gute Wirkung thut und mit Eyern und Drachenzungen verziert ist. Diesem folgt eine andere niedrige Platte die von einem zweyten verzierten Rinnleisten unterstützt wird, und ein glattes Stäbchen endiget diese Kornische. Merkwürdig ist hier der sehr tief eingearbeitete Einschnitt zwischen dem letzten Stäbchen und den Rinnleisten über demselben. Wir finden diese in neuern Zeiten sehr in Gebrauch gekommene Art, die Glieder von einander abzusondern, an Werken von guten Zeiten der Kunst nicht. Die Frise ist auf der vordern Seite glatt und sind auf derselben die Worte Divo Antonino et, die folgenden Worte

Einem Einwand, den Sie mir wider meine Basen ohne Plinthus machen könnten, muß ich noch begegnen. „Vitruv gedenkt aber doch unmittelbar darauf, nach„dem er von jenen Skamillen gesprochen, bey Abhandlung der Lehre von der Form „und den Verhältnissen der Base, des Plinthus ausdrücklich?" Allein der Uebergang Vitruvs von der Anweisung, die er zu Anordnung des Postaments vorhergegeben, zu der Lehre von den Basen, scheint für meine Meynung von neuen zu sprechen, His (scamillis) perfectis in suis locis spirae collocentur. Setze ich nun mit le Roy voraus, daß in den ältern Zeiten der Kunst der Gebrauch die Basen ohne Plinthus auf das Podium zu stellen, und zwar weil die Ursache seines Daseyns hier nicht statt fand, allgemein angenommen war, wie dieses außer obangeführten zweyen Beyspielen noch in Athen an dem Tempel des Erechtheus, und an einem vermeynten Tempel des Herkules, in Rom aber an den Tempeln der Vesta und der Concordia angetroffen wird; so müßte Vitruv, wenn er diesen Gebrauch seiner Zeitgenossen nicht gebilliget, und sie eines andern hätte belehren wollen, hier ausdrücklich des Plinthus erwähnt, und plinthi et spirae collocentur gesagt haben, da er hingegen in dem Verfolg seiner Rede des Plinthus allemal besonders und als eines von den darüber liegenden Toris oder Bunden abgesonderten Theils der Base gedenkt. Bey Beschreibung der Basen überhaupt aber mußte er freylich des Plinthus, welcher unter andern Umständen der Base nothwendig ist, Erwähnung thun, und sein Verhältniß gegen die obern Glieder bestimmen.

Der von Vitruv vorgetragene Fall trift in Allem bey gegenwärtigen Tempel zu. Das Podium ist auf den übrigen drey Seiten herumgeführt, die Vorderseite aber nahm eine Treppe ein, die der ganzen Breite des Pronaos gleich war und sich an den Postamenten der Ecksäulen endigte. Die besondern Unterlagen, die er Scamillos nennt, waren hier nicht anzubringen, weil die Basen auf Plinthen erhöhet waren.

Achtzehnter Brief.

Worte Divae Faustinae ex S. C. aber auf dem Architrav angebracht. Die Nebenseiten der Frise sind mit Greifen und Kandelabern abwechselnd verziert. Der Architrav besteht aus zween Streifen übereinander und ist mit einem ganz glatten Kehlleisten verziert, zwischen beyden Streifen aber ein schlecht profilirtes Leistchen angebracht. Eine Simplicität, die an das Armselige gränzt. Der Reichthum des Korinthischen Kapitäls erfordert, meinen Empfindungen nach, verzierte Glieder an dem Gebälke, und ihre Vertheilung zeugt so sehr von dem Geschmack des Baumeisters als die Anordnung der Glieder selbst. Ich mache hier einen Unterschied zwischen Verzierungen die nothwendig, und andern die willkührlich sind. Hier scheint mir der Baumeister Unwissenheit oder schlechten Geschmack zu verrathen, wenn er von den letztern auf Unkosten der erstern Gebrauch macht. Willkührlich war hier die Verzierung der hängenden Platte, und man trift diese sogar an keinem Werke aus den guten Zeiten der Kunst an, dahingegen nach meinem Bedünken der das Architrav bekrönende Kehlleisten verziert seyn sollte. An der Frise fortlaufendes Laubwerk anzubringen, und hingegen das unter den Modillonen sich vorwärts schwingende Blatt, ohne welches jene schwer und unangenehm erscheinen, wegzulassen, ist in meinen Augen ein unverzeihlicher Fehler. Sie finden dieses in dem mittlern großen Saal, des übrigens gewiß in recht guten Stil angeordneten Gebäudes in unserm großen Garten bey Dresden.

Das Fastigium oder der Giebel unsers Tempels ist, wie Sie auf Ihrem Kupfer sehen, gänzlich eingestürzt. Von den an den Ecken der Cella angebrachten Pilastern ist, wie ich Ihnen bereits gesagt habe, nur das Kapitäl noch sichtbar und zwar auf der auswendigen Seite. Auf der Vorderseite ist solches in die neue Mauer mit eingemauert. Dort hat dieses Kapitäl die Breite des ganzen Durchmessers der Säule am Fuß, und der Pilaster war also hier nicht verjüngt, welches er aber auf der Seite gegen die Säulen gewesen zu seyn scheint, wenigstens geht das Architrav hier gerade fort, welcher hier einen Vorsprung haben würde, wenn der Pilaster nicht verjüngt gewesen wäre. Desgodetz ist dieser Meynung, und verschiedene Beyspiele aus dem Alterthum bestätigen dieselbe.

Sie erlauben mir, mein Theuerster, Ihnen noch einige Worte von der in einer kleinen Entfernung von hier gelegenen Kirche des Heiligen Cosmus und des Heiligen Damianus zu sagen. Das Merkwürdigste von dieser ist ein kleiner runder alter Tempel ohne alle Zierathen mit zwo sehr beschädigten Säulen am Eingange, der, wie ich Ihnen bereits erzählt habe, von einigen für den Tempel des Romulus, von andern aber des Remus, gehalten wird. An den Wänden desselben ist der Plan von Rom auf weißen Marmortafeln, welcher vor der Hand auf der Treppe des Kapitolinischen Museums eingemauert ist, gefunden worden. Schon seit dem Jahr 526. dient dieser Tempel der hinter ihm angebaueten Kirche zur Vorhalle, und man hat deshalber seinem Eingang gegen über die alte Mauer durchgebrochen. Zwo schöne anticke Thüren von Bronze und zwo alte Porphirsäulen sind außer einigen guten Gemälden in dieser Kirche sehenswerth.

Aber kaum werden Sie sich vorstellen, mein Bester, daß unsre jetzigen Spatziergänge, wenigstens auf meiner Seite, mit einiger Gefahr verbunden sind. Schon habe ich Ihnen gesagt, das hier der öffentliche Viehmarkt gehalten wird. In den jetzigen heißen Sommermonaten sind die Stiere hier zu Lande außerordentlich wild, und es geschieht nicht selten, daß die hier vorbey paßirenden durch diese Bestien gar sehr gemißhandelt worden. Die Art diese brausenden Thiere zu treiben ist sonderbar, und macht einen pittoresquen Aufzug. Die Buffalari mit kurzen rothen Kamisölern bekleidet, die Haare unter ein Netz gebunden, zu Pferde, mit langen Spießen bewafnet, umgeben diese wütende Heerde, die in vollen Traben einherzieht, und man hört schon von weiten das Getöße, welches die Glocken und Schellen machen, mit denen diese Thiere umhangen sind. Merkwürdig ist es, daß man in allen alten Basreliefs die Stiere mit ungewöhnlich kleinen Hörnern abgebildet siehet, da sie doch, wenigstens jetzo, ganz ungeheuer große Geweyhe haben. Aber sorgen Sie nur nicht, Liebster Freund, da ich meine Züge, der großen Sonnenhitze wegen, ohnedem gegen Abend erst vornehmen kann, so komme ich zu einer Zeit hierher, wenn der Markt schon größtentheils aufgehoben ist. — Und der Länge dieser Epistel ungeachtet haben Sie noch zween Briefe von dem Campo Vaccino zu erwarten. Machen Sie sich immer gefaßt!

Neunzehnter Brief.

Rom, den 30. Julius 1768.

Aber, mein Theuerster, sagen Sie mir aufrichtig, was Sie von meiner gelehrten Note über Vitruvs Scamillos impares gedacht haben. Sie sind doch nicht gar auf den Einfall gekommen, als wenn ich sie aus einer kleinen Rachsucht gegen Sie gemacht hätte. Wo ich nicht irre, so habe ich Ihnen ja in einem meiner vorigen Briefe gesagt, wie falsch nach meiner Ueberzeugung, bey dieser Gelegenheit der Vitruvische Text von Daniel Barbaro, Perrault und andern erklärt würde, und nun sahe ich es für eine Art von Schuldigkeit

Neunzehnter Brief.

digkeit an, Ihnen diejenige Erklärung zu sagen, die ich meines Orts für die rechte halte. Es war doch bey alledem sittsam genug von mir, daß ich mit meiner Lehrbegierde, aller Versuchungen ungeachtet, zurückhielt, bis sich eine so schickliche Gelegenheit hierzu anbot. Wenn ich Sie aber ersuchte des Bernardinus Baldus Abhandlung darüber nachzulesen, so war das in Wahrheit eine Zumuthung, die Sie mir zu gute halten müssen, und die sich freylich nur auf die Voraussetzung gründete, daß diese so selten gewordene Schrift Ihnen zu Händen gekommen wäre. Sie ist inzwischen recht lustig zu lesen. Baldus widerlegt nicht auf die glimpflichste Art zuerst den um die Werke Vitruvs gewiß sehr verdienten Philander, hierauf den Daniel Barbaro und endlich einen gewissen Baptista Bertano, welche, wie ich Ihnen vormals gesagt, unter diesen Skamillen Vorsprünge und Absätze an der senkrechten Fläche des Podiums verstanden haben wollen, und vor allen andern mißhandelt er den armen Bertano. Nachdem er nun diesen das Urtheil ohne alle Barmherzigkeit gesprochen, so beweiset er aus dem Sprachgebrauch, und der Bedeutung der Worte ad libellam, überdieses aber auch aus optischen Gründen, daß Vitruvs adjectio per Scamillos impares auf der obern oder waagrechten Fläche des Podiums angebracht werden müsse, und nimmt eine über dem Postament nach dem auf ihr ruhenden Plinthus zu anlaufende Erhöhung für das Scamillum an, von welcher sich ein Beyspiel über dem Postament der Säule des Trajans wirklich befindet. Eine gleiche anlaufende Erhöhung denkt er sich über dem Abakus des Kapitäls. Diese letztere aber findet sich nirgends an den noch vorhandenen Gebäuden des Alterthums. Sie sehen hieraus wie nahe er demjenigen kommt, was ich aus mehrern Beyspielen beweisen kann.

„Aber Basen ohne Plinthus! und in den besten Zeiten der Kunst! höre „ich manchen mit tiefem Seufzer ausruffen, wie gothisch!" Nehmen Sie sich in Acht meine Herren, Sie, die Sie alles aus der Natur und dem nothwendigen Zusammenhange der Dinge herleiten und erklären wollen. Sagen Sie mir doch, aus welchem Grunde der Plinthus einer auf dem Podium aufstehenden Säule so unbedingt nothwendig ist? Gegen die von untenher eindringende Feuchtigkeit, für welche der Plinthus die hölzernen Säulen, wenn sie auf den Erdboden stunden, schützen sollte, waren sie durch das Podium gesichert. Gründen Sie aber Ihr Mißfallen auf die Regeln der Schönheit, so, dünkt mich, gründeten die Griechen diese Regeln auf die Wahrheit selbst, und sahen nichts für schön an, was nicht zugleich nothwendig ist, oder wenigstens nothwendig zu seyn scheint. Es war freylich nicht nothwendig, daß sie die Holzbaukunst zum

Muster beybehielten, da sie größere Werke in Stein aufführten. Nachdem sie aber überzeugt waren, daß nur jene eine Mannichfaltigkeit und eine Menge von Schönheiten darböte, die außer ihr gar nicht möglich sind, ja daß sie den Baumeister in Stand setzte, mit Sicherheit zu Werke zu gehen, und von Allem Rede und Antwort zu geben, so erbaueten sie auf diese ein System, das seiner Vortreflichkeit halber von allen gesitteten Völkern nach und nach angenommen worden ist. So wie aber jedes Volk einen mehr oder weniger bestimmten Nationalkarakter hat, so litt auch dieses System bey jedem Volk so mancherley Stimmungen und Eigenheiten, daß wir schon in Rom die Griechische Baukunst in Werken von spätern Zeiten nicht mehr antreffen. Und gleichwohl erklären alle Ausleger die Vitruvischen Schriften, die unwidersprechlich die Griechische Baukunst lehren, aus Monumenten, die lange nach jenem Schriftsteller erbauet worden sind, in Zeiten da die Römische Art zu denken und die Römischen Sitten Griechische Werke herzustellen nicht mehr erlaubten. Wie weit aber die Griechen bey Anordnung ihrer Gebälke und andrer die Säulenordnungen angehenden Anlagen die Nachahmung der Holzbaukunst trieben, lehrt uns Vitruv*) und verschiedene neuere Schriftsteller würden sich gewiß die so vergebliche Mühe nicht gegeben haben, die Gebälke der Säulen, welche unter den Händen der Römischen Baumeister zu schönen Idealen wurden, aus der Holzbaukunst herzuleiten, wenn sie den Vitruv unbefangen gelesen hätten. Mit vorgefaßten Meynungen ist man sinnreich genug jeder Stelle auch eine sehr unangemessene Erklärung zu geben. Nach Vitruvs Zeugniß hielten es die Griechen für fehlerhaft die Zahnschnitte unterhalb der Modillons anzubringen, weil jene die Asseres diese aber die Cantherios nachahmten, welche erstere als die obern schwachen einander sehr nahe liegenden Sparren über den Hauptsparren nothwendiger Weise liegen müssen, welches auch aus der Holzverbindung, wie sie ietzo noch in Italien und Frankreich üblich, und nicht unwahrscheinlich bey den Alten gebräuchlich gewesen, deutlich erhellet. Gleichwohl finden sich in allen Römischen Gebälken diese Zahnschnitte unter den Modillons, und es hat sich nicht Ein Beyspiel erhalten, welches nach jenen Grundsätzen der Griechen angeordnet wäre. Sollte sich aber jemals ein dergleichen Gebälke finden, so, dünkt mich, würde es vielen gewiß nicht schön vorkommen, es würde aber dennoch eben so wenig mit Recht zu tadeln seyn, als die Base ohne Plinthus. Aber fast dürften Sie, mein Bester, auf die Gedanken kommen, als ob ich die Base ohne Plinthus wirklich für

schöner

---

*) Lib. VIII. c. 2.

Neunzehnter Brief.

schöner hielte, als mit demselben. Dies ist aber in Wahrheit meine Meynung nicht, und wäre auch mit alledem, was ich davon gesagt habe, noch nicht erwiesen. Sie wissen aber schon wie schwer ich daran gehe die groß und gründlich denkenden Alten zu tadeln. Und eben so wenig werde ich mir einfallen lassen, einen neuern Baumeister eines übeln Geschmacks zu beschuldigen, wenn er diesen Plinthus aus zureichenden Bewegungsgründen wegläßt. In dem mit freystehenden Kolonaden umgebenen Schiff einer Kirche, oder einem auf diese Art angeordneten Saale, wo ich so manchen darüber habe wegstolpern sehen, habe ich diesen Plinthus mehrmalen weggewünscht, und ich denke, daß jene, denen dieser Unfall widerfuhr, mit mir in ihren Herzen ein Gleiches gethan haben. Eine mit den Gesetzen der Vernunft und des Wohlstandes bestehende Bequemlichkeit ist, nach meiner Denkungsart, einer doch nur in der Einbildung bestehenden Schönheit allemal vorzuziehen. Ich bin wirklich recht vergnügt, wenn ich finde, daß die Alten eben so gedacht haben, oder wenigstens Anlaß geben, so zu denken.

„Was macht aber Baldus mit dem Worte impar?" Ja das ist mir lieb, mein bester Freund, daß Sie mich daran erinnern. Er läßt ihm seine gewöhnliche Bedeutung: ungleich, und Vitruv hat, nach Baldus Meynung, mit diesem impar die Verschiedenheit der Skamillen anzeigen wollen, welche nach Beschaffenheit der Umstände nicht immer einerley Maaß behalten, sondern nach dem Gutbefinden des Baumeisters bald stärker bald schwächer gehalten werden müssen. Ich für meine Person finde diese Auskunft nicht sehr befriedigend.

Doch nun, liebster Freund, lassen Sie mich weit weg von den Plinthus, und Skamillen, und allen diesen Zweifeln und Kontroversen zu dem Tempel des Friedens, oder vielmehr zu den Ruinen desjenigen Gebäudes Sie führen, dessen Plinius *) unter diesen Namen gedenkt, und daß er unter die größten damals vorhandenen Werke der Stadt Rom zählt. Der Kaiser Claudius soll den Anfang zu diesem Gebäude gemacht haben, und zwar, nach der Behauptung einiger Alterthumsforscher, auf den Trümmern der Casa aurea des Nero; Titus Vespasianus aber hat dasselbe vollends zu Stande gebracht. Hier stellte dieser Kaiser nach seinem Triumph über die Juden, die in diesem Feldzug eroberten Kostbarkeiten und vor andern die heiligen Gefäße, den großen Leuchter und andre Geräthschaften aus dem Tempel zu Jerusalem auf. Außer diesen befanden sich hier eine ansehnliche Bibliothek, eine Sammlung von Gemälden, und verschiedene berühmte Statuen, von welchen die Figur des Nilflusses von Basalt, mit sechzehen

---
*) Hist. nat. l. XXXVI. c. 15.

um ihr her kletternden Kindern, in den Vatikanischen Gärten, noch übrig seyn soll. Ja man behauptet so gar, daß die Reichsten aus Rom ihre Kostbarkeiten in dieses Gebäude zur Verwahrung gegeben, und daß es solchemnach zu einer öffentlichen Schatzkammer gedienet habe. Aus alle diesem, noch mehr aber aus den noch vorhandenen Mauerwerk, nach welchem man sich den Plan und die ganze Anordnung dieses Gebäudes recht gut vorstellen kann, ist leicht zu erweisen, daß es kein Tempel, sondern ein zu einem öffentlichen Museum und nachmaligen Aerarium aufgeführtes Werk gewesen sey, den man in weitern Verstande einen Tempel des Friedens nannte. Ohngefehr hundert Jahr nach seiner ersten Grundlegung, unter der Regierung des Kaisers Commodus, wurde dieses Gebäude durch eine Feuersbrunst sehr beschädiget, und ungeachtet Palladio, ich weiß nicht warum, diese Feuersbrunst in Zweifel zieht, so giebt er doch zu, daß eine große Beschädigung durch ein Erdbeben oder andern Zufall vor seiner gänzlichen Zerstöhrung vorhergegangen seyn müsse. Die Simmswerke und Verzierungen, welche bey weiten nicht mit dem Geschmack und der Sorgfalt behandelt sind, mit welchen man sie an den Triumphbogen des Titus antrift, geben eine in spätern, der Kunst ungünstigern, Zeiten erfolgte große Wiederherstellung nur gar zu deutlich zu erkennen.

„Ungeachtet Plinius, sagt Serlio,*) diesem Gebäude große Lobsprüche bey„legt, so ist doch verschiedenes sehr übel zusammen gestelltes hier anzutreffen, und „vor andern erscheint hier das Gebälke über den Säulen ganz für sich, ohne allen „Zusammenhang." Keiner, der die harmonischen Anordnungen der Alten mit Aufmerksamkeit studirt hat, wird Anstand nehmen, diese Bemerkung des Serlio sehr wahr zu finden. Inzwischen treffen wir ähnliche Anlagen in den Thermen der Römer an, und hierzu gaben diese, die Gebäude der Griechen an Größe und Umfang weit übertreffenden, Werke der Baukunst nicht nur Gelegenheit, sondern machten sie sogar nothwendig. Die Bestimmung dieser Säle erfoderte eine so ansehnliche Größe, und die zu beyden Seiten derselben angebaueten Bogen, erlaubten ihrer großen Ausdehnung nach, keine den darzwischen sich erhebenden Säulen angemessenere Stellung. Die Säule mit ihrem Gebälke wurde Dekoration. Um aber ordentlicher und verständlicher zu Werke zu gehen, muß ich Ihnen, liebster Freund, den Plan dieses Gebäudes vor allen Dingen erklären.

Dieser ist dem Plane, nach welchem in neuern Zeiten die Christlichen Kirchen angelegt wurden, sehr ähnlich. Im Mittel ein großes Schiff mit Navaten zu beyden Seiten. Diese Aehnlichkeit hat mehrmalen den Wunsch in mir erweckt, daß

*) L. III.

Neunzehnter Brief.

daß dieses Gebäude in den ersten Zeiten des Christenthums, da es doch einer mit weniger Kosten verknüpften Wiederherstellung fähig seyn mußte als jetzo, (wenn es nicht gar noch unbeschädiget war,) zu einer Christlichen Kirche möchte eingeweihet worden seyn, da man doch kein Bedenken trug wirklich Heydnische Tempel, die zu dieser neuen Bestimmung nicht so bequem waren und manche Abänderungen nöthig machten, hierzu einzurichten. Hier konnte man alles lassen, wie es war. Ich muß mir aber selbst dagegen einwenden, daß vielleicht die Alten, ohne meinen guten Rath, diesen Einfall gehabt haben dürften, wenn die ersten Christlichen Kirchen die Form der in neuern Zeiten aufgeführten gehabt hätten. Die aufbehaltenen Zeichnungen von der vormaligen Peterskirche, die noch nach ihrer ersten Einrichtung vorhandene S. Pauls Kirche vor der Porta S. Paolo, beyde von Konstantin dem Großen erbauet, die Kirche S. Pietro in Vincolo, und andre alte Kirchen mehr beweisen unwidersprechlich, daß die ersten Christlichen Kirchen den alten Basiliken ganz ähnlich waren, in welchen das mittlere Schiff durch freystehende Säulen von den Seitennavaten abgesondert war. Sie können aber die Ursache meines Wunsches leicht errathen, denn in diesem Falle wäre dieses ansehnliche Gebäude ganz erhalten auf unsre Zeiten gekommen.

Die ganze Länge dieses ansehnlichen Werks der Baukunst beträgt mit Inbegriff der Mauern fünf und funfzig Französische Toisen oder Klaftern, die Breite aber zwey und vierzig. Man gelangte in dasselbe durch eine Vorhalle, welche ein und zwanzig und dreyviertheil Fuß tief war und die ganze Breite des Gebäudes mit Inbegriff der Seitennavaten zur Länge hatte, und in diese durch fünf Eingänge, deren drey in den mittlern großen Saal oder das Schiff, die übrigen zween aber zu beyden Seiten in die an erstern anstoßenden Nebengemächer oder Kapellen führten. Diese Vorhalle ist gänzlich der Erde gleich, und kann nur aus den Trümmern der Grundlagen noch erkannt werden. Palladio hat die vordere Ansicht derselben in seinen Schriften*) ganz dargestellet, jedoch ohne einige Autorität hierzu anzugeben, und ohne sich auf etwa damals noch vorhandene Ueberbleibsel zu beruffen, mit welchen er die Richtigkeit seiner Zeichnung beweisen könne. Es ist daher mehr als wahrscheinlich, daß er hierbey seine Einbildungskraft einzig und allein wirken lassen. Von fünf jenen erstern gegen über gelegenen Thüren, führten, wie ich bereits gedacht, drey in den mittlern großen Saal. Dieser hält in der Länge zweyhundert und sechzig Französische Fuß, etwas über sieben und siebenzig Fuß in der Breite, die Höhe aber desselben soll nach Palladio an hundert

*) L. IV, c. 6.

dert Fuß betragen haben. Im Grunde dieses Saals, dem Eingang gegen über, erhebt sich von dem Fußboden an eine große Nische. Acht Säulen, deren vier auf jeder der langen Seiten stunden, trugen das diesem Saal zur Decke dienende ansehnliche Kreuzgewölbe, und zwischen diesen Säulen erhoben sich zu beyden Seiten große Bogen, die bis an die äußern Mauern fortgiengen, und die Seitengemächer oder Kapellen formirten; Untereinander aber hatten diese letztern durch kleinere Bogen Gemeinschaft. Sie können sich von den Seitenkapellen einen sehr anschauenden Begriff machen, denn eine Seite dieses Gebäudes hat sich bis ietzo erhalten, und erscheint auf Ihrem Kupferstich. Dieser Plan ist übrigens sehr einfach, und ich sollte nicht glauben, daß man mit Grund erhebliche Einwendungen dawider machen könnte. Inzwischen mußte er in Ansehung der Säulen eine auffallende Disharmonie hervorbringen. Man mag die ganze Einrichtung dieses mittlern Saals und vielleicht des ganzen Gebäudes betrachten aus welchem Gesichtspunkte man will, so war es, nach meinem Dafürhalten, seiner Natur nach ganz unfähig, irgend einige aus der Holtzbaukunst entlehnte Anordnungen und Verzierungen anzunehmen, und es war unbedingt nothwendig hier Regeln zu beobachten, die sich einzig und allein auf die Steinbaukunst gründen mußten. Die Vermischung beyder Bauarten ward zu einer Ursache von so manchen Ungereimtheiten.

Die Römischen Baumeister, welche die Befehle ihrer Bauherren mehr als die Regeln der Kunst studiren mußten, die bey den weitläuftigen und großen Werken, welche unter den Kaisern aufgeführt wurden, zu neuen Hülfsquellen ihre Zuflucht zu nehmen genöthiget waren, sannen auf neue Erfindungen, und ihre Einbildungskraft überschritt, bald da, bald dort, die Grenzen, die ihr die Grundsätze der Griechen und der auf Einfalt und Wahrheit erbauete gute Geschmack vorgeschrieben. Die Säulenordnungen wurden als bloße Verzierungen behandelt, das Studium der Ursachen derselben verschwand, und mit Verzierungen ohne Ursache erlaubte man sich nach und nach die seltsamsten Abänderungen. Schon Vitruv, der nach der Meynung der Gelehrten, unter den Kaisern Julius Cäsar und August lebte, beklagt sich mehrmalen über die Unwissenheit seiner Zeitgenossen, und doch finden sich an der Rotonda, die zu Augusts Zeiten von Agrippa wieder hergestellet und verziert wurde, keine von den in neuern Zeiten nach und nach in Gebrauch gekommenen widersinnigen Erfindungen. Die Unwissenheit, deren Vitruv die damals lebenden Baumeister beschuldiget, dürfte, meinen Gedanken nach, auf nichts anders als auf die Vernachläßigung des Studiums der Griechen zu ziehen seyn, welche schon damals einzureissen anfieng, und welche eigentlich dem guten Vitruv den heiligen Eifer eingab, seine Bücher über die Baukunst zu schreiben.

Neunzehnter Brief.

Von den acht Säulen, auf welchen das mittlere Gewölbe ruhete, war zu Anfange des vorigen Jahrhunderts nur eine noch übrig. Diese ließ Paul V. von da hinweg nehmen, und sie auf dem Platze bey der Kirche S. Maria Maggiore aufrichten, oben auf derselben aber ein Bild der Madonna von Bronze aufstellen. Sie ist von weissen Marmor, und der Stamm derselben, welcher 5. Pariser Fuß 8¼. Zoll im Durchmesser, 49¼. Fuß aber, mit Inbegriff seines obern Astragals und eines ähnlichen, das auf dem obern Torus der Base aufsteht, in der Höhe hält, ist aus einem Stück und kannelirt. Ihre Base ist die Attische, jedoch mit einigen eben nicht schönen Abänderungen, und hat die halbe Säulenstärke zur Höhe, das Kapitäl ist Korinthisch. Die ganze Höhe der Säule mit Kapitäl und Base hält zehen Durchmesser. Eine gewagte Höhe bey einem so unbegrenzten Areostylos, und der so unverhältnismäßigen Last, die auf diesen Säulen ruhet. Wie wenig dieselben aber an ihren Ort passen, wird durch das darüber aufgebauete Gebälke noch einleuchtender. Diese Gebälke springen aus der Mauer hervor ohne allen Zusammenhang und Ursache, und mußten das schwache, zerbrechliche, und magere Ansehen der Säulen gegen das ungeheuere Gewölbe darüber, und die weiten Bogen darneben, nothwendigerweise noch auffallender machen. An und für sich betrachtet ist dieses Gebälke sowohl in Ansehung seiner Verhältnisse, als in Ansehung seiner Glieder und Verzierungen unter die übelverstandnen nicht zu zählen, es fehlt ihm aber der Geist und Ausdruck der schönen Versimmßungen aus dem Alterthum. Wirklich hat sich von diesen Gebälken mehr erhalten, als Piranesi auf seinem Kupferstich erscheinen läßt. Das Merkwürdigste an demselben sind die Modillons, welche gleich unter dem Cimatium anstatt der hängenden Platte angebracht sind. Es finden sich aber mehr dergleichen Beyspiele in den Thermen der Alten, und Leon Baptista Alberti *) giebt seinem Korinthischen Gebälke überhaupt diese Anordnung.

Die großen auf Ihrem Kupferstich erscheinenden Bogen, zwischen welchen jene Säulen sich erhoben, gehen bis über das Cimatium der Gebälke hinauf, demungeachtet aber haben sie wenig mehr Höhe als ihre Breite. Die fortgehenden Gewölbe der hierdurch formirten Seitenkapellen sind mit sechseckigen Vertiefungen und Rosetten verziert, die ihnen ein reiches Ansehen geben, sie sind aber, wie Palladio bereits erinnert, nachläßig und geschmacklos ausgearbeitet. An den Hinterwänden dieser Kapellen erscheinen Nischen neben einander, in welchen, allem Vermuthen nach, Statuen aufgestellet waren; die Hinterwände der mittlern aber endigten

---

*) L. VII. c. 9.

endigten sich mit großen von den Boden hinaufsteigenden Nischen. Sowohl das Schiff als jene Seitenkapellen, waren durch Fenster von oben herab erleuchtet, von welchen diejenigen, welche dem Schiff sein Licht gaben, und über den großen Bogen in den Kappen des Kreuzgewölbes angebracht waren, bis zu diesem hinauf giengen, und da sie weniger breit waren als das obere Gewölbe, sich mit einem Stück des großen Zirkels desselben endigten. Wollen Sie sich irgend einen guten Freund machen, mein Bester, so theilen Sie diese Nachricht denjenigen mit, welche die sogenannten fenêtres bombées schön finden, und vielleicht noch nicht einmal wissen, daß sie die Vortreflichkeit dieser Form von Fenstern mit Beyspielen aus dem Alterthum erweisen können. Unter uns gesagt, habe ich einen Baumeister gekannt, welcher, um einer Façade ein recht sublimes Ansehen zu geben, alle Fenster derselben, vom Parterre an bis in das vierte Stockwerk, mit Stückbogen oberwärts verschönerte.

Mit alledem aber machen die Trümmern dieses in vielen Rücksichten eben nicht schönen Gebäudes einen großen Effekt, und ich bin gewiß überzeugt, daß derselbe noch größer seyn würde, wenn dieses wirklich fast alle Kirchen der Christenheit, die S. Peterskirche ausgenommen, an Umfang übersteigende Gebäude bis auf unsre Zeiten erhalten worden wäre.

In dem an das alte Gemäure anstoßenden Waisenhause, Delle Mendicanti genannt, werden hundert und zwanzig arme Mädchen erhalten, die allerley wollne Zeuge verfertigen müssen. Man gehet durch dieses Haus, um auf die obere Fläche der noch stehenden Seitenbogen zu gelangen. Auf dieser ist jetzo ein Garten angelegt. ꝛc.

Zwanzigster Brief.

Rom, den 12. August 1768.

Mein Herr,

Ist Ihnen jemals ein für die Baukunst mehr erniedrigender Ausspruch vorgekommen als der, welchen Martial, satyrischen Andenkens, sich erlaubt?

Si duri puer ingenii videtur,
Praeconem facias, vel Architectum.

Sie können wohl denken, daß ich gegen diesen lügenhaften Poeten nicht wenig entrüstet ward, als ich diese energischen Worte zum erstenmale las. Da ich aber

Zwanzigster Brief.

der Sache weiter nachdachte, so schrieb ich diesen seltsamen Einfall auf die Rechnung irgend einer Dichterlaune. Aber können Sie sich so etwas sonderbares nur vorstellen? Zu meiner noch größern Demüthigung muß ich in diesen Tagen mit einem Architekt bekannt werden, welcher, ohne jemals des Martials Schriften gelesen zu haben, aus Instinkt oder Erfahrung, gleicher Meynung zu seyn scheint. Dieser Mann, zwischen vierzig und funfzig Jahren, der nach seinem eignen Zeugniß, das er allenfalls auch mit großen Betheurungen bekräftiget, in Paris bereits Dinge angegeben und dargestellet hat, die an Geschmack und Reichthum Alles übertreffen, was in jener berühmten Stadt jemals zum Vorschein gekommen, und der sich durch seine güldene Praxis ein hübsches Vermögen gesammelt, befindet sich hier in Rom, um eine Vergleichung der alten Kunstwerke mit seinen Produkten anzustellen. Was mir besonders an ihm gefällt, ist, daß er bey dieser Parallele gar nicht unzufrieden mit sich selber wird. Sollten Sie wohl glauben, daß dieser Mann eine rechte Liebe auf mich geworfen hat, nicht etwann als ob unsre Denkungsarten einander so ähnlich wären, sondern, aufrichtig zu sagen, weil ich nach unsrer Deutschen Gutwilligkeit gefälliger gegen ihn bin, als seine Landsleute von der Französischen Akademie. Schon mehrmalen hat er sich über das singuliere Betragen dieser Herren bey mir beklagt. Dagegen ist er seit einigen Tagen von mir ganz unzertrennlich. Dieser gute Mann unterhielt mich gestern von seinem nicht übelbestellten Hauswesen, und eröfnete mir unter andern, daß, da er als ein rechtschaffener Vater auf das zukünftige Wohl und Fortkommen seiner Kinder denken müsse, er von zween Söhnen den ältern, dessen Lebhaftigkeit ihm viele Hofnung gäbe, zu einem Mahler, den jüngern aber, bey welchem er das Gegentheil anträfe, zu einem Architekt zu machen gedächte. Hier fielen mir die Worte Martials von neuen wieder ein, und nun kam mir der Einfall eines jungen Parisers nicht mehr so paradox vor, welcher mir einsmals offenherzig gestand, daß er sich dem Studium der Baukunst widme, weil er besorge, daß er nicht Fähigkeiten genug besitzen möchte, das Handwerk seines Herrn Vaters mit Erfolg zu erlernen. Dieser war ein berühmter Carossier oder Wagenbauer.

Möchten doch Lehrer der Baukunst, dachte ich bey mir selbst, allen Eltern dummer Söhne zum Trost und Nachricht, jene Verse aus dem Martial mit goldnen Buchstaben über ihre Thüren setzen lassen!

Heute habe ich meinen neuen Freund, den Pariser Entrepreneur, einem seiner Landsleute übergeben, denn in seiner Gesellschaft war es mir nicht möglich Bemerkungen zu sammeln, die ich Ihnen, mein Theuerster, vorzulegen mir getrauen könnte.

Die Rudera, welche Sie auf Ihrem Kupferstich erblicken, würdig den Park eines Königs zu verherrlichen, liegen hier in den Garten der Mönche aus dem Kloster der heiligen Franciska Romana, und diese andächtigen Männer sehen sie mit neidischen Augen an, weil sie ihnen ein ansehnliches Stück Landes wegnehmen, auf welches sie lieber Prokoli pflanzen ließen. Nur das Verbot des Pabstes, und der ansehnliche Aufwand, welchen die Wegräumung derselben verursachen würde, stehen ihrer gänzlichen Vernichtung im Wege. Ich erinnerte mich hier unsers seligen Winkelmanns, dem als Präsidenten der Alterthümer oblag, über die Erhaltung der alten Monumente zu wachen. „Sobald, sagte er einstmals in heiligen Eifer, „Ordensbrüder zu Erhaltung eines noch so unbeträchtlichen „alten Gemäuers, etwas beyzutragen haben, so gestatte ich keinen Stein daran „zu verrücken." Das Unglück, welches einem armen Kapuziner in der Villa Albani begegnete, hatte ihn und seinen Kardinal so sehr wider die guten Frati aufgebracht.

Dasjenige, was jetzo noch steht, giebt keinen ganz deutlichen Begriff von dem Gebäude, zu welchem es vordem gehörte. Daß dieses zween an einander angebauete Tempel gewesen, von welchen der eine gegen den Aufgang der Sonnen, der andre aber gegen deren Untergang gekehrt lagen, und beyde große Tribunen oder Nischen an den Hinterwänden hatten, läßt sich aus ihren Grundlagen noch erkennen, und man wird auch an einer Seite derselben kleinere Nischen gewahr. Palladio, dem es fast unmöglich war, auch nur ein einziges altes Gebäude in seinen Trümmern liegen zu sehen, hat auch dieses, theils nach Anweisung der alten Grundmauern, theils nach seiner Phantasie in seinem architektonischen Werke *) wieder ganz hergestellt. Der Plan jedes dieser beyden Tempel ist beynahe ein vollkommenes Viereck, von mehr als funfzig Fuß in der Länge und Breite, und an dieses stoßen jene noch erhaltene große Nischen an. Die Stuffen, welche Sie auf Ihrem Kupfer gewahr werden, und die zu diesen Tribunen führten, hat Palladio nicht angegeben. Schon zu seinen Zeiten waren die Seitenwände aller ihrer Verzierungen beraubt, die daran noch erscheinenden kleinen Nischen aber gaben ihm Anlaß die Verzierung hinzu zu denken, welche er denselben gegeben hat. An der Decke, welche ein zirkelrundes Gewölbe war, haben sich noch schöne Verzierungen von jenem nur bey den Alten gewöhnlichen mit edler Simplicität verbundenen Reichthum erhalten. Aehnliche rautenförmige Vertiefungen voller Geschmack erscheinen an den Gewölben der Nischen. Zu welchen Zeiten

*) Lib. IV. c. 10,

Zwanzigster Brief.

Zeiten diese Tempel erbauet, ob sie der Sonne und dem Monde, oder der Isis und dem Serapis, oder der Venus und der Roma, oder dem Aesculap und der Salus geheiliget waren, darüber sind die Alterthumsforscher noch nicht einig. Die Vorhallen dieser Tempel, so wie sie Palladio giebt, sind nach meinen Einsichten zu wenig den Nachrichten Vitruvs gemäs, daß sie nur einen Schein der Wahrheit haben könnten. Sollten dieselben wirklich gewesen seyn, wie sie dieser große Baumeister darstellt, so wären diese Tempel entweder von einem sehr hohen Alterthum, aus Zeiten da man die Griechische Baukunst in Rom noch gar nicht kannte, und gleichwohl waren doch damals die Säulen, wie sie hier erscheinen, so wenig als die Verzierungen der Gewölbe in Rom noch gebräuchlich. In neuere Zeiten aber, da man anfieng die Griechische Baukunst zu vernachläßigen, kann die Erbauung dieser Tempel auch nicht so leicht gesetzt werden, und überdem behielt man selbst noch unter Aurelianus die alten Griechischen Formen der Tempel bey. In andern Rücksichten entsprechen diese Vorhallen der großen und edeln Denkungsart ihres Erfinders gar sehr.

Die Pracht und der simple Reichthum, mit welchem die Alten ihre Decken und Gewölbe verzierten, sind in unsern Zeiten durch seltsame und unserm Geschmack eben nicht rühmliche Zierrathen verdrängt. Das leichte Ansehen, welches jene den größten Gewölben geben, ist kaum denkbar, dagegen die Neuern mit allem dem kostbaren Schnirkelwerk, armselig, nackend, und schwer erscheinen. Ich bin aber sehr überzeugt, daß man den Baumeister gewiß sehr scheel ansehen würde, der sich einfallen ließe, jene alten Verzierungen in Vorschlag zu bringen. „Welch ein Aufwand!" würde man schreyen. So fürchterlich gewiß nicht, als er dem ersten Ansehen nach scheint. Ohne Kosten ist es allerdings nicht möglich ein Gebäude, so einfach es immer seyn mag, herzustellen, und wenn man unpartheyisch zu Werke gehen will, so wird man gar bald innen werden, daß gewiß öfters mehr auf die Geschmacklosigkeit eines Gebäudes verwendet worden, als dessen Schönheit gekostet haben würde. Den größten Aufwand macht die verkehrte Art, mit welcher man zuweilen verfährt. Bey genauer Untersuchung jener mit Vertiefungen und Rosen verzierten Gewölbe sieht man ganz deutliche Anzeigen, daß die Alten hierzu Veranstaltungen machten, welche die Behandlung derselben ungemein erleichterten. Die Vertiefungen theilten sie genau auf dem zum Wölben erforderlichen Gerüste ein, und durch darauf befestigte Erhöhungen ward dieses zu einer Form, über welche sie ihr Gewölbe entweder von einer noch jetzo gebräuchlichen Masse, aus Kalk, Puzzolana, und kleinen Steinen her gossen, oder sie fertigten es von Ziegeln. Beyde Arten machten ihnen nicht mehr Aufwand und Arbeit bey einem verzierten Gewölbe als bey einem ganz glatten. Die erste Manier, welche aber auch eben nicht die haltbarste ist, kann in unsern Gegenden nicht so leicht nachgeahmt werden, so lange wir nicht so glücklich sind, die Puzzolana oder eine andre ihr ähnliche Art von Erde zu entdecken, welche unter den Kalk gemengt dem Mauerwerk eine wundernswürdige Festigkeit giebt, so daß ein mit obbeschriebner Masse behutsam gegossnes Gewölbe, aus einem Stück zu bestehen scheint. Ja man pflegt so gar schadhaft gewordene Gewölbe, oder die auf den Terrassen der Gebäude zu Neapolis auf diese Art gefertigten Boden oder Estriche, wenn sie nicht mehr auszubessern sind, in viereckige Stücken zu zerschlagen, und von neuen als Mauerziegel anzuwenden. Demungeachtet behalten die aus Ziegeln bestehenden Gewölbe den Vorzug, weil bey jenen, da sie auf einmal nicht zu Stande kommen können, und stückweise gegossen werden müssen, leicht Versehen vorgehen, die ihrer langen Dauer schaden. Die Wölbziegel der Alten aber haben eine sehr schickliche Form hierzu. Sie sind länger und breiter als unsre gewöhnlichen Mauerziegel, ihre Stärke aber beträgt wenig über einen Zoll. Bey dieser geringen Stärke war es durch den mit Vortheil darzwischen angebrachten Kalk leicht möglich das Keilförmige zu ersetzen, das man bey stärkern Ziegeln erst durch langweiliges Hauen derselben hervorbringen muß. Will man den Ziegeln eine keilförmige Form geben, so werden Sie mir gern einräumen, daß dieser Keil nach dem mannigfachen Radius der Gewölbe sich beständig verändert, und man daher entweder eine sehr große Verschiedenheit von keilförmigen Ziegeln voraus setzen muß, oder daß diese, wenn sie ohne Wahl verbraucht werden, ihren Endzweck nicht erfüllen können.

Die Vertiefungen des Gewölbes waren also mit wenig Schwierigkeiten da, aber roh und unbearbeitet. Das Schwerste und Kostbarste, ihre Verzierung, blieb nun noch übrig. Hier ergriffen die Alten gewiß auch den besten und wohlfeilsten Weg. Bey der großen Mannichfaltigkeit ihrer Verzierungen findet sich in denselben ein Fortgang und eine Aehnlichkeit, die es möglich und vortheilhaft machten, sich hierzu bereiteter Formen zu bedienen, und man bemerkt mit einiger Aufmerksamkeit an verschiedenen derselben, wie die Formen nach und nach fortgesetzt worden sind. Bey einer solchen Behandlung mußten die Kosten sich sehr vermindern, und die Schönheit dieser Arbeit, bey der es hauptsächlich auf Genauigkeit ankommt, unendlich gewinnen.

Aber indem ich dieses schreibe, mein schätzbarster Freund, erhalte ich Ihren gütigen Brief von 16. Julius. Sie erzeigen mir in Wahrheit durch den Auftrag, den Sie mir in Namen eines erhabenen und mit der Kunst bekannten

Gönners

Zwanzigster Brief.

Gönners geben, den Riß zu einem ansehnlichen Landhaus zu fertigen, viel Ehre. Ihre Freundschaft für mich vermochte Sie vielleicht mehr von meinen Talenten zu sagen, als der Erfolg bestätigen möchte. Sokrates erklärte die Künstler allein für weise, als diejenigen, welche es sind, und nicht scheinen.*) Ein Ausspruch, der jedem Künstler schwer auf den Herzen liegen muß. Ich wenigstens fühle nur allzusehr, wie schwer es ist, weise zu seyn; es zu scheinen, dürfte mit ein wenig Achtsamkeit auf sich selbst, schon noch thunlich seyn. Der Befehl jenes vornehmen Gönners und Ihr freundschaftliches Bitten machen mich freylich zweifelhaft, ob ich eine so auszeichnende Probe, bey der mein guter Name entweder scheitern oder gewinnen kann, ganz von mir ablehnen soll. Wenigstens kann ich mich nicht entschliessen Ihren Auftrag anzunehmen, ohne vorher einige Bedingungen zu machen, die Sie selbst gewiß billig finden werden. Der Aufwand zu einem Gebäude von der Art, wie Sie mir das Programm hierzu geschickt haben, ist zu beträchtlich, daß nicht vorher alle mögliche Vorsicht nöthig wäre, um sich nicht der Verlegenheit auszusetzen, mit der Zeit die großen Kosten bereuen zu müssen, die man auf ein mißlungenes Werk verwendete. Ich kann mir keine traurigere Lage als diejenige denken, in welche oft Baulustige sich theils selbst versetzen, theils durch gewinnsüchtige Werkleute gesetzt werden; durch Leute, deren Herzen, wie das meines oben erwehnten Afterarchitekts, gegen so betrübte Erfahrungen durch einem dicken Kallus unempfindlich geworden sind. Dis sind seine eignen Worte. Es ist das erstemal, daß ich auf den Schauplatz der Welt treten soll, und ich wollte lieber hinter der Kulisse bleiben, wenn ich vorhersehen könnte, daß ich nicht wenigstens mit Anstand hervortreten sollte. Ersuchen Sie Ihren Großen Freund, alle Ihnen bekannte Baumeister in Bewegung zu setzen. Sie begreifen selbst wie vieler Gefahr ich mich aussetze, einen solchen Wettstreit einzugehen; Aber ich bin mir diesen Vorschlag gewissermaßen selbst schuldig. Könnte ich Ihr Freund und zugleich eigensinnig und eigennützig genug seyn, meine Ideen jedem Rechtschaffenen zur Prüfung zu verweigern, oder irgend einem Bauherrn zuzumuthen, dieselben ungeprüft und ungetadelt zu genehmigen? Sollte aber nach einem so gefährlichen Versuche mein Projekt dennoch Beyfall erhalten, so wäre die zweyte gewiß eben so uneigennützige Bedingung, daß die Ausführung meiner Entwürfe keinem andern als mir anvertrauet würde. Der menschliche Verstand ist zu endlich, und zu eingeschränkt, seine Ideen vollkommen mitzutheilen, und auf der andern Seite nicht empfänglich

genug,

*) Winkelmanns Gesch. d. Kunst. I. Theil, 4. K. p. 236. W. E.

genug, das Mitgetheilte in seinem ganzen Umfange zu fassen. Hierzu kommt noch der gar zu erprobte Eigensinn der meisten Baumeister, der es ihnen nicht gestattet, den Vorschriften andrer zu folgen, ohne etwas davon oder hinzu zu thun, wodurch nicht selten das beste Werk auf die unanständigste Art verunstaltet wird. Unter den Händen eines Entrepreneurs oder Mauermeisters aber, welchen Unwissenheit und Eigennutz zu allen Empfindungen des Schönen unfähig machen, muß ja wohl auch eine gute Idee zu einer Mißgeburt umgeschaffen werden. Es ist ein nicht geringes Verdienst des Baumeisters, wenn er die während des Baues sich darbietenden Gelegenheiten, seinen erstern Entwürfen mehrere Vollkommenheit zu geben, mit Einsicht und Geschmack zu benutzen weiß. Der menschliche Geist entwickelt sich nur nach und nach, und ich glaube nicht, daß je ein Architekt sich zu behaupten erdreisten sollte, seine Idee so durchgedacht zu haben, daß sie nicht noch mancher Verbesserungen fähig wäre. Diese müssen aber dem ersten Erfinder überlassen werden, wenn nicht unleidliche Dissonanzen daraus entstehen sollen. Selbst die Ideen seines Bauherrn wird der von Eigendünkel und Vorurtheilen freye Mann zu den seinigen, die seinigen aber zu Ideen seines Bauherrn zu machen, und beyde mit einander glücklich zu verbinden wissen. Ein guter Erfolg aber, ein Beyfall, dem sein eignes Bewußtseyn nicht widerspricht, muß die größte Belohnung für seine gewiß große, von Gefahr und Widerwärtigkeiten beständig begleitete Arbeit seyn. Die Talente eines Baumeisters nach seinen Entwürfen beurtheilen zu wollen, ist eben so unmöglich und unbillig, als es ungerecht seyn würde, ihm anzusinnen sich beurtheilen zu lassen, wenn seine Ideen von Andern ausgeführt sind. Ich weiß, Sie schütteln ein wenig den Kopf über meinen Künstlerstolz, in Ihrem Herzen aber geben Sie mir demungeachtet Recht.

Empfehlen Sie mich Ihrem Gönner, lassen Sie aber nicht allein den Freund für mich bey ihm das Wort führen. Ihr gutes Herz könnte mich ihm ganz anders darstellen, als ich bin.

Ich umarme Sie, bester Freund, mit warmer Erkenntlichkeit. Leben Sie wohl.

Ein und zwanzigster Brief.

Rom, den 25. August 1768.

Mein Herr,

Die Via sacra, auf welcher wir jetzo mit einander fortgegangen sind, führt uns zu einem der größten Gebäude des Alterthums, zu dem Kolisseum. Schon den Kupferstich davon betrachten Sie *) mit Bewunderung. Was sollte ich bey dem Werke selbst thun, mein wertheser Freund! Glauben Sie mir wenigstens, wenn ich Ihnen sage, daß ich nach öfterer Betrachtung desselben immer noch nicht wußte, wo ich mit Beschreibung eines Gebäudes von diesem Umfang anfangen sollte. Ueberdem glaubte ich Ihnen noch vorher eine Beschreibung der Theater der Alten geben zu müssen, da diese doch gewiß vor den Amphitheatern vorhanden waren, und die Entstehung der letztern durch jene veranlaßt wurde. Inzwischen sind die noch vorhandenen Ruinen des Theaters des Marcellus durch neue darüber aufgeführte Gebäude so entstellt, und in Ansehung des Plans und der übrigen Einrichtung so unbedeutend geworden, daß sich eher von unserm heutigen Gegenstand auf jenes als rückwärts schließen läßt.

Wenn ich Ihnen gesagt habe, daß aus dem Theater das Amphitheater entstanden sey, so müssen wir vor allen Dingen über die wahre Bedeutung der Worte mit einander einig werden. Nehmen Sie das Wort Theater in dem Verstande, in welchem es vorjetzo gebraucht wird, und nach welchem es die Bühne bedeutet, auf welcher die theatralischen Vorstellungen gegeben werden, so wäre jene Behauptung ganz unbegreiflich. Diese Bühne aber hieß bey den Alten die Scena, und der Ort, wo sich die Zuschauer befanden, Theatrum. Die Theater hatten die Gestalt eines halben Zirkels, und bestanden aus übereinander erhöheten Sitzen. Diese Art von Plätzen für die Zuschauer nennen wir sehr uneigentlich ein Amphitheatrum. Nach der Zeit, da die Kampf-Jagden und Fechterspiele in Rom eingeführt wurden, kam man ganz natürlicher Weise auf den Einfall zwey Theater zusammen zu setzen, und um mehr Raum für die Arena, oder den Platz, wo jene Spiele gegeben wurden, zu gewinnen, verlängerte man den Zirkel zu beyden Seiten der Theater, und hieraus entstand das Oval, nach welchem alle dergleichen Gebäude angelegt sind. Dieses gab denn Gelegenheit einen Schauplatz, in welchem

*) Pl. XX.

Zweyter Band. K

chem diese Sitze der Zuschauer rund herum geführt wurden, Amphitheatrum zu nennen, das ist, ein Gebäude, wo zwey Theater einander gegenüber angebracht sind, wie solches schon aus der Bedeutung des griechischen Wortes ἀμφι erhellet *). Außer verschiedenen andern Schriftstellern ist Bernardinus Baldus eben dieser Meynung **) und widerspricht dem Isidorus gerade zu, welcher behauptet, daß die erste Form des Theaters, so wie des Amphitheaters, zirkelrund gewesen, hernachmals aber aus der Hälfte des letztern das Theater entstanden sey.

In den Büchern Vitruvs, welcher ***) von den griechischen und römischen Theater eine genaue Beschreibung giebt, ist des Amphitheaters mit keinem Worte gedacht, und dieses veranlaßt mich zu glauben, daß diese Gebäude erst in spätern Zeiten erfunden worden sind.

Von den verschiedenen Arten der Schauplätze, welche bey den Alten üblich waren, scheinen demnach die Amphitheater am spätesten im Gebrauch gekommen zu seyn. Die vielen mehr oder weniger erhaltenen Gebäude von dieser Art in Italien, Dalmatien, Frankreich und anderwärts, wo Römische Kolonien angelegt waren oder Besatzungen standen, geben aber zu erkennen, daß die Art von Schauspielen, die in denselben gegeben wurden, großen Beyfall müsse gefunden haben.

Der Circus maximus war schon zu Zeiten des Tarquinius vorhanden. Er wurde mit vorzüglicher Sorgfalt unterhalten, von verschiedenen Nachfolgern verschönert, und stand noch in den Zeiten des Theodorikus, vor der Hand aber ist wenig mehr davon zu sehen. Man zählt auf funfzehen dergleichen Rennbahnen, die in Rom gewesen seyn sollen. Sie dienten zu Wett-Rennen mit Bigen und Quadrigen, und nach einigen Schriftstellern wurden auch Jagden von wilden Thieren darinnen angestellt. Der Circus des Caracalla ist noch am meisten erhalten, und giebt die beste Erklärung der von diesen Schauplätzen gemachten Beschreibungen.

Die

---

*) In unsern Tagen ist nichts gewöhnlicher als von einer Gegend, einer Stadt, einem Garten u. s. w. zu sagen, daß sie eine amphitheatralische Lage haben, wenn sich der Plan derselben allmählig aufwärts erhebt. Ein theatralisches Ansehen bringt eine solche Lage allerdings hervor, niemals aber kann es mit einem Amphitheater verglichen werden, wenn dieses Aufsteigen des Erdbodens in einem halben Zirkel, oder wohl gar in gerader Linie geschieht, und nicht in Gestalt eines rundherum sich erhebenden Keßels. Regionis forma pulcherrima; imaginare amphitheatrum aliquod immensum, et quale sola rerum natura possit effingere. Lata et diffusa planities montibus cingitur: montes summa sui parte procera nemora et antiqua habent. &c. Plin. Ep. 5, 6, 7.

**) De verborum Vitruv. significatione, pag. 178.

***) Lib. VI. c. 3 — 9.

Ein und zwanzigster Brief.

Die Naumachien waren aller Wahrscheinlichkeit nach diesen ähnlich. Selbst das Kolißeum dünkt mich zu Vorstellungen von Seegefechten zu klein, und dieses ist doch bey weiten das gröste aller noch vorhandenen alten Amphitheater. Es hat sich aber auch nicht die geringste Spur von irgend einer Naumachie bisher gefunden, außer daß einige Scribenten behaupten, auch das Koloßeum sey zu diesem Schauspiel angelegt gewesen.

Von Stein erbauete große Theater waren zu Titus Zeiten drey in der Stadt Rom. Das Theater des Pompejus Magnus, das Theater des Marcellus und das Theater des Balbus. Das erstere und letztere sind gänzlich eingegangen, von dem Theater des Marcellus aber stehen noch einige Ueberbleibsel, von welchen ich Sie, mein liebster Freund, in meinem folgenden Schreiben zu unterhalten gedencke.

Der Amphitheater waren zwey, das Amphitheatrum des Titus, oder das noch vorhandene Kolißeum, und das Amphitheatrum des Statilius Taurus, oder Castrense, von welchem letztern wenige aber gewiß recht merkwürdige Ueberbleibsel zu sehen sind.

Mit wie vielem Aufwand man bey großen festlichen Gelegenheiten, vor und nach Erbauung dieser Gebäude, Schauplätze von Holz und andern auch kostbaren Materialien aufführte, ist Ihnen aus der Geschichte bekannt.

Verzeihen Sie mir nur, bester Mann, diese Ausschweifung über die Römischen alten Schauplätze, zu welcher mich mein jetziges Studium verführte. Sie wissen schon, wie leicht ich mich in die Materien vertiefe, von welchen ich mir für Sie einige Unterhaltung verspreche, und da bin ich denn seit vierzehn Tagen ganz Theaterforscher. Aber nehmen Sie nun Ihren Kupferstich wieder zur Hand. Die Beschreibung des Ihnen zuerst aufstoßenden Triumphbogens des Constantinus Magnus muß ich vor der Hand noch aussetzen.

Hinter diesem erhebt sich gleich einem Gebirge das Kolißeum. Den Namen Koloßeum, wie es wohl richtiger gesagt seyn möchte, erhielt dieses Monument der Römischen Größe von einer koloßalischen Figur des Nero, welche hier, wo vordem der Eingang in die Domus aurea dieses Kaisers gelegen, gestanden haben soll. Vielleicht hat aber auch seine eigne Größe diese Benennung veranlaßt. Es wurde von dem Kaiser Flavius Vespasianus nach der Eroberung Jerusalems erbauet, daher es auch das Amphitheater des Flavius genennet wird. Eine Menge gefangener Juden, nach einigen an die dreyßig tausend, nach andern zehn tausend, wurden bey dieser Arbeit angestellt, und gleichwohl ward er erst in zehn Jahren zu

Stande gebracht. Titus, der Sohn des Vespasianus, weyhete das Kolößeum mit vielen Feyerlichkeiten ein.

Welche Zerstöhrungen dieses gleichsam für die Ewigkeit aufgeführte Gebäude erlitten, stellt Ihnen ihr Kupfer lebhaft vor. Freylich mag der Anfang dieser schrecklichen Verwüstung noch in den Zeiten gemacht worden seyn, in welchen Rom so manche harte Belagerungen auszustehen hatte, auch hatten fürchterliche Feuersbrünste, die in den darinnen angebrachten Kramläden entstanden, große Beschädigungen daran verursacht. Dem allen aber ungeachtet hat dem Kolößeum die Erbauung neuerer Palläste mehr als die Barbarey der Gothen und die Wuth des Feuers geschadet. Man entblödete sich nicht gleichsam einen Steinbruch daraus zu machen, aus dem man mit geringen Kosten schon bearbeitete Werkstücken ziehen konnte. Der Pallast S. Marco zu Rom besteht aus Steinen, die das Kolößeum liefern mußte, hierher wurden die Materialien zu dem Pallast der Cancellaria genommen, und die Erbauung des Pallasts Farnese kostete diesem Amphitheater wieder ein ansehnliches Stück.

Sie wundern sich mit Recht, mein Bester, wie nach Aufführung dreyer Palläste von so ansehnlichem Umfang es möglich ist, daß sich noch so ein beträchtliches Stück von dem Kolößeum erhalten habe. In der That stehen noch drey und dreyßig Bogen mit ihren Pfeilern durch alle Stockwerke, und dieser Ueberrest, welcher beynahe die Hälfte der ganzen die Arena umgebenden Gebäude beträgt, giebt eine sehr deutliche Idee von dem Plan und der ganzen Einrichtung dieses Amphitheaters.

Die Form des Plans ist ein Oval, dessen größter Durchmesser fünfhundert und achtzig französische Fuß, der kleinere aber vier hundert und ein und achtzig Fuß betragen. Das Gebäude, welches die Arena einschließt, hat eine Höhe von hundert und sechs und funfzig Fuß, eine Höhe welche den Monte Celio und Aventino übersteigt. Es ist in vier Stockwerke eingetheilt, worinnen Gänge angelegt sind, welche zu den die Arena umgebenden Sitzen führen. Jedes dieser Stockwerke bestand auf der auswendigen Seite aus achtzig Bogenstellungen mit Säulen an den Schäften der Bogen. Alle diese Bogen sind im ersten oder untern Stockwerk numerirt, und die Nummer über dem Mittel des Bogens eingehauen. Merkwürdig ist, daß einer dieser Bogen nach den Thermen des Titus zu keine Nummer hat. Sie erblicken die Ueberbleibsel dieser Thermä auf Ihrem Kupfer im Hinter-Grunde Ihnen zur Linken. Einige Alterthumsforscher sind der Meynung, daß dieser Bogen, welcher ein wenig weiter als die andern ist, zu dem Eingang für dem

Ein und zwanzigster Brief.

dem Kaiser bestimmt gewesen. Es finden sich aber überhaupt an diesem Gebäude viele Abweichungen in Ansehung der Maaße, welche wohl nur für Nachläßigkeiten und Fehler der Werkleute angesehen werden können. Nach den Planen des Serlio, Fontana und Desgodez hatte dieses Amphitheater vier Haupteingänge, welche auf die Mittel der beyden Durchmesser trafen, und von außen bis auf die Arena führten. Vor der Hand sind nicht mehr als zween der untern Bogen gangbar, die übrigen aber sowohl äußerlich als zwischen den innerlichen Gängen zugemauert, und in diesen Mauern lang herabgehende schmale Oefnungen gelassen. Ihr Kupferstich macht Ihnen diese Vermachungsmauern anschaulicher. Ich getraue mir nicht zu glauben, daß diese durchbrochenen Wände ein neuerlicher Zusatz seyn sollten, da diese in einem solchen Umfang nicht ohne große Kosten zu Stande gebracht werden konnten. Gleichwohl scheint es mir ein wenig seltsam an einem Gebäude, wo sich eine so große Menge Volks versammelte, so wenig und verhältnißmäßig kleine Ausgänge übrig zu laßen. In dem untern Stockwerk gehen vier Gänge rings um die Arena. Die zween äußern derselben, welche die breitesten sind, bestehen aus Bogen, deren Pfeiler mit Pilastern, die mit den Säulen auf der auswendigen Seite einerley Durchmesser haben, verziert sind. Der erstere dieser Gänge hat funfzehen und ein viertel Fuß, der zweyte aber dreyzehen und einen halben Fuß in der Breite. Zwischen diesem und dem dritten Gange liegen zwanzig ansehnliche Treppen, die von dem untern zu dem Stockwerk darüber führen. Diese Treppen, zu denen man von dem zweyten Gange gelangt, theilen sich in zween Arme, deren oberer dem untern zur Linken gelegen ist. Jeder dieser Arme enthält dreyßig Stufen, die aber im Mittel durch einen Ruheplatz unterbrochen werden, so daß man nicht mehr als funfzehen Stuffen hintereinander zu steigen hat. Die Höhe dieser Stufen hält acht und ein Drittheil französische Zolle und die Breite derselben einen Fuß. Sie sind vornen mit einem Kehlleisten und Plättchen darüber verziert, welche zusammen drey Zoll ausladen. Diese Ausladung aber gehört mit zur Breite der Stufe. In unsern Tagen würde man diese Höhen und Breiten mit Recht sehr unbequem finden. Die Treppen selbst sind zwölf und zweydrittel pariser Fuß breit und zwischen denselben liegen sechszehen andre mit erstern von gleicher Breite und von eben so viel Stufen, zu welchen man auf den dritten dahinter gelegenen Gange gelangt. Diese letztern Treppen gehen vom untern bis in das zweyte Stockwerk in einem fort, und haben nur einen sehr schmalen Ruheplatz im Mittel, so daß hier dreyßig Stufen einander ununterbrochen folgen. Sechszehen geradeaufsteigende Treppen, diesen letztern gegen über, führen von diesem Gange auf das die Arena umgebende Podium. Dieser dritte Gang ist durch vier-

eckige

eckige Oeffnungen im Gewölbe von oben herein erleuchtet, und hält dreyzehen und einen halben Fuß in der Breite. Acht und vierzig Behältnisse die zwischen den auf das Podium hinaufführenden Treppen innen liegen, waren vielleicht zu Fängen für wilde Thiere bestimmt. Hinter diesen gehet ein vierter Gang von eilf Fuß Breite um die Arena unmittelbar und ist von dieser durch eine zehen Fuß starke Mauer abgesondert. Außer jenen vier Haupteingängen führten noch acht kleinere Thüren von diesem Gange auf die Arena.

Hier hätten Sie denn, mein schätzbarster Freund, eine sehr umständliche Beschreibung von dem ersten Stockwerk. Ich würde Ihnen dieselbe nicht haben geben können, wenn ich nicht die Plane und Aufrisse, welche uns Serlio, Fontana und Desgodez hinterlassen haben, zu Hülfe genommen hätte. Schutt und Unrath, unter welchen die äußern Säulen auf dreyzehen Fuß hoch vergraben sind, machen dieses untere Stockwerk völlig ungangbar. Fontana führt schon bittere Klagen über die unverantwortliche Nachsicht, nach welcher man erlaubte, die Unreinigkeiten der Stadt hierher zu führen, und sich endlich gar einfallen ließ in diesen Gallerien Salpetergruben anzulegen. Und dieses Unwesen hat sich nicht vermindert.

Wir waren mit einander bis zu der Arena gekommen. Dieser ovale Platz, auf welchem jene Spiele gehalten wurden, war mit einer erhöheten Mauer, und von da mit übereinander erhöheten Sitzen umgeben. Sein größter Durchmesser beträgt zweyhundert und vier und sechszig Fuß, der kleinere aber hundert und fünf und sechszig Fuß. Auch dieser ist mit Schutt in einer ansehnlichen Höhe bedeckt, und von jenen Sitzen der Zuschauer haben sich nur noch hier und da Stücken der Gewölbe erhalten, auf welchen sie ruheten. Inzwischen lassen doch diese annoch vorhandenen Stücken Mauern auf den Abhang derselben ziemlich zuverläßig schließen, und das Amphitheatrum zu Verona, in welchem sich diese Sitze bis jetzo erhalten haben, giebt von diesem einen deutlichen Begriff. Diese Sitze der Zuschauer in dem Amphitheater zu Verona haben einen Fuß drey Zoll zur Höhe und zween Fuß einen Zoll zur Breite. Daß die Arena mit einer erhöheten Mauer eingeschlossen gewesen, bezeugen die alten Schriftsteller, und diese Mauer war auch gewiß nothwendig, um die Zuschauer vor aller Gefahr zu schützen. In dem Veronesischen Amphitheater gehen die Sitze bis zur Arena herab, dieses dünkt mich aber keine Ursache zu seyn an dem Daseyn jener Erhöhung zu zweifeln, denn dieser Platz zu Verona ist eben so wie gegenwärtiger durch Schutt erhöhet. Oben auf dieser Mauer, welche das Podium genennet wurde, befand sich eine Gallerie, die gegen den Platz zu eine Brüstung hatte. Fontana hat sie mit einem eisernen Geländer vorgestellt. Diese

Ein und zwanzigster Brief.

Gallerie war für den Kaiser und für die Vornehmsten des Römischen Volks bestimmt, und hinter ihr erhoben sich die Sitze der übrigen Zuschauer bis zu dem Fußboden des dritten Stockwerks. Aus einigen noch vorhandenen kleinen Treppen nimmt man mit ziemlicher Zuverläßigkeit wahr, daß zu diesen Sitzen acht und vierzig Ausgänge führten, welche Vomitoria hießen, und diese waren in drey Reihen hinter und über einander angebracht, die Sitze selbst aber scheinen aus zween Absätzen bestanden zu haben. Zwischen diesen befand sich ein breiter Gang, und vermittelst der auf demselben gemachten vierecktigten Oefnungen wurde ein darunter gelegener Corridor in dem zweyten Stockwerk erleuchtet, so wie auf eben diese Art der um die Arena gehende Gang im untern Geschoß sein Licht durch dergleichen Oefnungen erhielt, die in der Gallerie über dem Podium angebracht waren.

Was die Anzahl der Zuschauer anbetrifft, die hier Platz gehabt haben sollen, so sind die alten Nachrichten hiervon wohl größtentheils übertrieben, denn es sollen hier auf achtzig tausend Personen gesessen, und außerdem noch zwanzig tausend gestanden haben. Man hat aber nach neuern Berechnungen gefunden, daß höchstens für vier und dreyßig bis fünf und dreyßig tausend Menschen hier Raum gewesen seyn möchte.

Sie können nicht glauben, liebster Freund, welche erstaunende Wirkung die zween äußern Bogengänge in dem zweyten Stockwerk hervorbringen. Die allmählige Krümmung auf der langen Seite des Ovals, welche dem Auge eine unbegreifliche Abwechslung von Durchsichten darbietet, die sich nach und nach ins Unendliche zu verliehren scheint, giebt diesen an sich selbst großen Gallerien eine neue scheinbare Größe. Neu muste mir dieser Anblick seyn, denn es ist nur Ein Koloßeum. Von diesen zween den untern in Allem ähnlichen Portiken führen kleinere Seitengänge zwischen den Treppen zu einem dritten umhergehenden Corridor und von da zu den Vomitorien. In dem Stockwerk darüber traf ich von den wahrscheinlicherweise auch hier umherlaufenden Gallerien nichts als unordentlich durcheinander geworfene Stücken Stein und Sträucher an. Die äußere Wand mit ihren Bogen hat sich bey dem Einsturz der innern Gewölbe und der Pfeiler, welche sie trugen, erhalten, und von der andern Mauer, welche diese Portiken gegen die Arena einschloß, sind auch einige Ueberbleibsel in einer Höhe von dreyzehen Fuß noch vorhanden, welche mit Fenstern und Thüren durchbrochen sind.

Vasi, welcher das Koloßeum völlig ergänzt dargestellet hat, läßt in diesem Stockwerk beyde äußere Bogengänge, den untern gleich, herumgehen, und wiederholt dieselben auch in dem Stockwerk darüber, jedoch läßt er im vierten Geschoß

diese

diese Gänge nur bis zur Hälfte der auswendigen hier mit Pilastern verzierten Mauer hinaufgehen. Jenes noch vorhandene mit Fenstern und Thüren durchbrochene Stück Mauer läßt er bis zu der Höhe beyder obern Gallerien fortgehen und setzt über den Hauptgesimms derselben ein mit Docken versehenes Geländer, so daß über beyden hintereinander liegenden Gängen eine sehr breite offene Gallerie entsteht, die eine Menge Zuschauer fassen konnte, von welchen wohl aber nur die vornenanstehenden auf die Arena herabzusehen im Stande waren. Serlio läßt diese beyden Portiken bis zu dem obern des ganzen Gebäude bekrönenden Hauptsimms hinaufsteigen, und hat sie nach der Arena zu mit Säulen und Pilastern, der äußerlichen Seite gleich, verziert. Fontana erhebt die im dritten Stockwerk hinter den Sitzen noch übriggebliebenen Stücken Mauer nur bis zur Kornische der dritten Ordnung, und setzt über den in diesem Stockwerk zunächst der Arena umhergehenden Gang eine offene Gallerie. Die noch vorhandenen Thüren in dieser Mauer stellt er als viereckige Nischen dar, und hat Figuren in dieselben gesetzt. Er merkt die doch wirklich vorhandenen Fenster gar nicht an. Die vierte Ordnung theilt er über den erstern auswendigen Bogengängen in zween Theile, deren unterer niedrig ist und einem andern darüber stehenden Portikus, der nach der Arena zu aus offnen Bogen besteht, zum Soubaßement oder Podium dient. Der obere Portikus erhebt sich bis zum Hauptsimms des ganzen Gebäudes. In dem Podium sind Thüren angebracht, welche auf die vor demselben gelegene offne Gallerie führen.

Welche von diesen dreyen Ideen der Wahrheit am nächsten kommen möchte getraue ich mir nicht zu entscheiden, unter gewissen Bedingungen dünkt mich des Vasi Darstellung beynahe die vorzüglichste. Dem jetzigen Ansehen der äußern Mauer nach, scheinen mir die obern Portiken ganz bis zum obern Hauptsimms sich nicht erhoben zu haben, und des Vasi breite offne Gallerie konnte bey Ausbreitung und Befestigung der ungeheuer großen Teppiche, die des Regens und der Sonnenstrahlen halber über diesen ansehnlichen Raum gezogen wurden, von großen Nutzen seyn. Durch vier und zwanzig kleine Treppen, die bis zu oberst des Hauptsimses hinaufführen, gelangte man zu den obern Gallerien, denn die untern Haupttreppen gehen nur bis in das zweyte Stockwerk. Das oberhalb der Sitze im dritten Stockwerk noch vorhandene Stück Mauer mit Fenstern und Thüren ist von ungemeiner Wichtigkeit zu Ergänzung der obern Geschoße, und hat auch Fontana und Vasi zum Leitfaden gedient. Das dritte und vierte Stockwerk waren allem Ansehen nach unsern heutigen Logen ähnlich, und aus dieser Ursache mit Fenstern nach der Arena zu durchbrochen. Im dritten Stockwerk folgt allemal nach drey Fenstern eine Thüre, durch welche man auf die Sitze herab kommen konnte.

konnte. Die Thüren haben kleine Verſtimmßungen, die Fenſter aber nicht, ihre gemeinſchaftliche Breite iſt fünf und ein halber Fuß, die Höhe der erſtern beträgt eilf Fuß, der letztern aber ſieben Fuß. Sie ſtehen mehr als zweymal ihre Breite auseinander.

Die Länge meines heutigen Schreibens erlaubt mir nicht, Ihnen, mein gütigſter Freund, für dießmal von der auswendigen Anlage und Einrichtung dieſes Amphitheaters eine Beſchreibung zu geben. Erlauben Sie mir nur noch einige Worte über unſre Theaterdichter. Selbſt der große Metaſtaſio, ein Mann, dem die Einrichtung des Koloßeum nicht unbekannt ſeyn konnte, legt im dritten Aufzug seiner Clemenza di Tito den armen Theatermahlern ein Programm vor, deſſen Ausführung ganz und gar unmöglich iſt. Luogo magnifico, ſind ſeine eignen Worte, che introduce a vasto anfiteatro, (warum ſagt er nicht lieber gleich al Colisseo, oder al anfiteatro di Tito?) di cui per diversi archi scopresi la parte interna. Si vedranno già nell' arena i complici della congiura condannati alle fiere. Urtheilen Sie ſelbſt auf welche Weiſe dieſe Vorſchrift befolgt werden könne. Das Podium und die Sitze darüber, die ununterbrochen die Arena einſchließen, und die zwiſchen dieſen und den auswendigen Portiken angelegten Treppen verbieten ja ganz unbedingt auf irgend eine Weiſe von außen auf die Arena zu ſehen.

Leben Sie wohl, beſter Freund, und vertheidigen Sie ihren Metaſtaſio, wenn Sie können.

Zwey und zwanzigſter Brief.

Rom, den 8. September 1768.

Mein Herr,

Die Darſtellungen des Koloßeum, welche uns Serlio, Fontana, und Vaſi gegeben haben, ſind, meinem Bedünken nach, ſo wie man ſie von dieſen Männern erwarten konnte, mit vieler Einſicht und Geſchmack gezeichnet, aber immer nur auf die Möglichkeit und Wahrſcheinlichkeit erbauet. Mit ungleich mehrerer Zuverläßigkeit kann ich Ihnen dagegen den auswendigen Bau beſchreiben. Freylich iſt die Verzierung dieſes koloßaliſchen Gebäudes zum Theil ſehr vernachläßigt, zum Theil auch den geprüfteſten Regeln gerade entgegen geſetzt, und dahero das merkwürdigſte an dieſem Monument eben nicht.

In den untern drey Stockwerken erscheinen zwischen den Bogen die Dorische, Jonische, und Korinthische Säulenordnungen übereinander, und im vierten Stockwerk sind Pilaster angebracht, welche Korinthische Kapitäler haben. Sowohl die über einander gestellten Säulen als die Pilaster über denselben sind von gleichem Durchmesser, wider alle Vorschriften Vitruvs, und der ihm nachfolgenden Baumeister. Es mußte diese Anlage die Schwierigkeiten um ein großes vermehren, die ohnedem bey Uebereinanderstellung der Säulen nicht geringe sind, und wie nachtheilig muste dieses den Verhältnissen der Säulen selbst werden.

Desgodez erzählt: „daß dieses ganze Gebäude auf Stuffen erhöhet gewesen „sey, er habe aber an dem Orte, wo er deshalb nachgraben lassen, diese so zerstört „gefunden, daß er von der Beschaffenheit und Anzahl derselben keine Nachricht „geben könnte." Ueber diesen Stuffen geht eine drey Fuß hohe Zocke ununterbrochen fort, und auf dieser ruhet die erste der Dorischen ähnliche Ordnung. Blondel, Desgodez und verschiedene andre haben sie dafür angenommen, und ich habe auch weiter nichts dawider einwenden wollen, da man bey den willkührlich gewählten einzelnen Theilen derselben, und ihren eben so willkührlichen Verhältnissen wenig dabey gewinnen würde, wenn man sie auch für die Toscanische ansehen wollte. Der Stamm der Säule hält, so wie die Säulen in dem zweyten und dritten Stockwerk, zwey Pariser Fuß, acht und zwey Drittheil Zoll im Durchmesser. Dieser verhält sich zu der Höhe der Säule wie eins zu neunen. Vitruv *) giebt der Dorischen Säule bey den Tempeln sieben Durchmesser, bey den Theatern aber einen halben Durchmesser mehr zur Höhe; an dem Theater des Marcellus erreicht die Höhe der Dorischen Säulen beynahe die Höhe von acht untern Diametern, und diese ist von den meisten neuern Baumeistern beybehalten worden. Der Stamm der Säule behält bis zum dritten Theil der Höhe die nehmliche Stärke, und von da erst hebt sich die Verjüngung an. Wir hätten also diese Art zu verjüngen auch den Alten abgelernt. Sie beträgt oben unter dem Astragal sehr wenig über den dreyzehenden Theil der untern Stärke. Die Basen dieser Säulen sind denjenigen ähnlich, welche Sie in den Werken des Palladio **) bey der Toskanischen Säule mit angeführt finden, meinem Bedünken nach sind sie eben nicht schön. Ihre Kapitäler haben bis zum Astragal beynahe zwey Drittheil des untern Durchmessers der Säule zur Höhe, und gleichen dem Kapital, welches Vignola ***)

der

---

*) L. V. c. 9.
**) L. I. c. 14. p. 21. ed. princeps d. a. 1570.
***) Pl. XIII. ed. princ.

Zwey und zwanzigster Brief.

der Dorischen Ordnung giebt, mit dem Unterschied, daß, anstatt des von diesem Baumeister unter dem Echinus angebrachten Astragals, hier ein Kehlleisten mit Plättchen darüber, angetroffen wird *). Die Ausladung dieser Kapitäler ist sehr beträchtlich. Der Baumeister scheint dieses des darüber liegenden und über die Perpendikularlinie der Säule heraustretenden Architravs wegen nöthig gefunden zu haben, so wie er, der darüber stehenden Säulen wegen, seinen Kornischen ungewöhnlich ansehnliche Ausladungen geben mußte. Das Gebälke dieser untern Ordnung hält in der Höhe etwas weniges über den vierten Theil der Säulenhöhe, und ist in allem Betracht mehr Jonisch als Dorisch, auch fehlen hier die der Dorischen Ordnung eigenthümlichen Triglyphen in der Frise. Die Säulen stehen etwas über die Hälfte vor den Schäften heraus, und die Gebälke darüber gehen, so wie in den obern Stockwerken, ununterbrochen und unverkröpft fort. Die Bogen haben noch nicht ganz zweymal die Stärke der Schäfte darzwischen zur Breite, welche durch alle drey Stockwerke die nehmliche bleibt, und sich hier zur Höhe der Bogen wie hundert und drey und sechzig zu zwey hundert und neun und sechzig verhält.

Auf einem fortgehenden Postament, das jedoch unter den Säulen hervorspringt, erscheint die Jonische Ordnung mit dem antiken Kapitäl und der attischen Base. Die Stärke dieser Säulen verhält sich zu ihrer Höhe, wie eins zu acht und fünf Sechstheil, und ihre Verjüngung beträgt den sechsten Theil der untern Stärke. Das Postament ist ohngefähr den vierten Theil der Säule hoch, und von beynahe gleicher Höhe ist das Gebälke darüber, welches letztere mit dem darunter befindlichen eine große Aehnlichkeit hat, jedoch ist es um vieles besser profilirt, und die Platte, wo die Zahnschnitte anzubringen gewesen wären, ist ohne diese glatt fortgeführt. Die Breite des Bogens verhält sich zur Höhe desselben beynahe wie sieben zu eilfen.

Fast möchte ich Bedenken tragen, Ihnen länger Langeweile zu machen, mein gütigster Freund, wir sind aber schon zu weit miteinander fortgegangen, als daß ich Sie nun auf dem halben Wege stehen lassen könnte.

Die dritte Ordnung kann aller Abweichungen ungeachtet für keine andre als für die Korinthische genommen werden. Auch diese ist auf ein fortgehendes Postament gestellt, das unter den Säulen hervortritt und den vierten Theil der letztern zur Höhe hat. Die Stärke dieser Säulen verhält sich zu ihrer Höhe, wie eins zu acht

---

*) Scamozzi und Goldmann haben dieses Kapital so schön gefunden, daß sie es als ein Muster ihren Werken über die Baukunst einverleibt haben.

acht und zwey Drittheilen, und ihre Verjüngung beträgt nicht mehr als den zwölften Theil des Durchmessers am Fuß. Hier scheint mir der Baumeister nach Grundsätzen gehandelt zu haben, weil diese Säulen in der Höhe, wo sie sich befinden, aus optischen Gründen wenig Verjüngung erlaubten. Er hat diesen Säulen das Korinthische Kapitäl und die gewöhnliche Toskanische Base gegeben, und diese hat wenig über den dritten Theil des Durchmessers zur Höhe. Mich dünkt dieses eine ärmliche Auskunft zu seyn, um den Stamm der Säule ein wenig höher erscheinen zu lassen. Diese Säule stehet genau um ihre Hälfte außer dem Pfeiler, und das Gebälke darüber beträgt nicht ganz den vierten Theil ihrer Höhe. Dieses Gebälke hat mit dem darunter liegenden Jonischen ganz gleiche Glieder, die jedoch in den Maaßen in etwas von jenen abweichen. An der obern hängenden Platte sind viereckige Modillonen angebracht, und zwischen diesen an dem Platfond runde Erhöhungen, die allem Ansehen nach, als Rosetten ausgearbeitet werden sollten. Es ist dieses um so wahrscheinlicher, weil sämmtliche Kapitäler der Jonischen und Korinthischen Ordnungen nur angelegt sind, und nach der Hand erst haben beendiget werden sollen. Die Breite des Bogens verhält sich in diesem Stockwerk zu seiner Höhe wie zwey zu drey.

Hier hören die Bogenstellungen auf, und es gewinnt beynahe das Ansehen als wenn das darüber stehende Stockwerk erst nach der Zeit darzu gekommen wäre. Doch dürfte diese Vermuthung mehr der eben nicht sehr zu dem Untern passenden Anlage desselben zuzuschreiben seyn, als daß sie wirklich statt finden könnte. Eine mit Pilastern verzierte Mauer, die mit kleinen Fenstern durchbrochen ist, erhebt sich bis zu dem obern Hauptgesimms. Auch um diese bewegt sich ein fortlaufendes Postament, das unter den Pilastern hervortritt und sich zu der Höhe derselben, die hohen Zocken unter den Pilastern mitgerechnet, ohngefähr wie zwey zu sieben verhält. Diese nurerwähnte hohe Zocke ist fast die ganze Breite des Pilasters darüber hoch, die Pilaster selbst aber haben ihre Breite neunmal zur Höhe, und stehen um ihren sechsten Theil vor der Mauer heraus. Sie haben attische Basen und Korinthische Kapitäler. Ueber diesen Pilastern bekrönt ein großer Hauptsimms und über diesem eine vier Fuß hohe Zocke das ganze Gebäude. Mich dünkt daß dieser Hauptsimms auf keine Weise zu der obern Ordnung gerechnet werden könne, und es ist beynahe unbegreiflich, wie Serlio, der doch wirklich große Verdienste um die Baukunst hat, sich einfallen lassen konnte, dieses als das zur Römischen Ordnung oder der Komposita gehörige Gebälke in seinen Schriften *) aufzustellen.

*) L. IV. c. 9.

Zwey und zwanzigster Brief.

Es ist dieses um so viel mehr unerweißlich, da jene Pilaster, über welchen es ang[e]bracht ist, wirklich Korinthische Kapitäler haben. Wie weit kann eine einm[al] vorgefaßte Meynung auch einen Mann von Geschmack verleiten! Da Serlio si[ch] vorgenommen hatte diese Pilaster für Römische anzusehen, so scheint er sogar d[ie] zufällig darunter befindliche Zocke als dieser Ordnung wesentlich anzunehmen.

Dieses obere Gebälke, das, so wie die übrigen, aus einem Architrav, eine[r] Frise und der Kornische besteht, ist besonders in Ansehung dieser letztern beyde[n] von außerordentlicher Anlage. Die Höhen der drey Haupttheile dieses Gebälke[s] sind beynahe einander gleich, und haben zusammen genommen den vierten The[il] der Höhe des Pilasters, mit Inbegriff der hohen Zocke unter letzterm zur Höh[e.] Der Architrav ist gleich den untern Architraven in drey Streifen abgetheilt un[d] mit einem Kehlleisten und Riemen darüber bekrönt, welcher letztere etwas über de[n] sechsten Theil der Pilasterbreite ausladet. Die Frise darüber bauet bis an de[n] Rand derselben heraus, so daß nur der Riemen über den Kehlleisten vor derselbe[n] vorstehet. In dieser Frise sind große Modillonen angebracht, welche mit ihre[m] Untertheil über jenen Riemen des Architravs ein wenig hervortreten, sich nach eine[r] Wellenlinie oberwärts herausbewegen und die Kornische tragen, welche das Dop[-]pelte ihrer Höhe zur Ausladung hat. Diese Kornische hat das gewöhnliche Cimatium nicht, sondern ist in Allem einem Architrav ähnlich. Sie besteht wiederum aus dreyen Streifen übereinander und oberhalb derselben einem großen Kehlleiste[n] mit Riemen darüber. Alles dieses zusammen genommen thut hier auf seinem Pla[tz] eine sehr gute Wirkung, und war eine Auskunft, die dem Baumeister Ehre macht[.] Die Bekrönung eines Gebäudes, das aus mehrern Ordnungen besteht, mach[t] ohne ein dergleichen Hauptgebälke, das nach dem Verhältniß des ganzen Gebäu[-]des abgemessen ist, allemal unüberwindliche Schwierigkeiten. Die größte Weis[-]heit des Baumeisters aber finde ich bey diesem Hauptsimms darinnen, daß er di[e] drey Theile desselben, den Architrav, die Frise, und die Kornische so kunstreich mi[t] einander zu verbinden gewußt hat, daß hierdurch ein Ganzes entstanden, welche[s] zur Betrachtung der einzelnen Theile nicht kommen läßt.

Die Befestigung der über den ganzen Schauplatz ausgespannten Teppich[e] machte bey diesem Hauptsimms Einrichtungen nothwendig, die uns auf die Art[,] wie man hierbey zu Werke gieng, schließen lassen. Es geschah dieses natürlicher[-]weise durch Globen- und Seilwerk, das an große in dem Umkreis des Amphi[-]theaters aufgestellte hölzerne Säulen befestiget wurde. Zu diesem Endzweck sind durch die steinerne Kornische viereckige Löcher gearbeitet, die einen und einen Vier[-] theil Fuß weit sind, unter diesen aber ist die herausladende Frise und der Architrav bis auf die Mauer durchschnitten, so daß jene durch die obern Oefnungen eingesetzten Masten oder Balken scharf an der Mauer herab anlagen, unten aber auf Kragsteinen ruhten, die etwas über der Hälfte der Pilaster eingemauert sich befinden. Diese hölzernen Säulen waren nach Anzeige der Löcher im Hauptsims in gleicher Weite von einander gestellt, und allemal zwischen zween Pilastern drey derselben angebracht. Welcher Mechanismus übrigens hierbey angewendet worden, läßt sich freylich mit Zuverläßigkeit nicht bestimmen. Sie finden aber in des Fontana Werk von diesem Amphitheater *) eine anschauliche Idee davon. Lentulus Spinter soll in Rom der erste gewesen seyn, welcher die Theater mit Decken von Carbasus bey den Apollinarischen Spielen bedecken ließ, **) und Cäsar ließ hierzu seidne Teppiche nehmen.

Meinem Versprechen gemäß führe ich Sie, mein schätzbarster Freund, nunmehro zu dem Theater des Marcellus, und lege zugleich diesem Brief den Kupferstich ***) mit bey.

Augustus hat dieses Gebäude eigentlich aufgeführt †). Verschiedene neuere Baumeister haben die an diesem Theater erscheinenden zwo Säulenordnungen als Muster der Dorischen und Jonischen Ordnungen angenommen. Beyde sind auch sowohl in Ansehung ihrer Zusammensetzung, als ihrer Verhältnisse von vorzüglicher Schönheit ††). Nichts destoweniger kann ich dieses Gebäude nicht betrachten, ohne hierbey an eine Stelle unsers verewigten Winkelmanns zu gedenken †††). „Der gute Geschmack," sagt Winkelmann, „fieng schon unter dem Augustus an, „in der Schreibart zu fallen, und scheint sich sonderlich durch die Gefälligkeit gegen „den Mecenas, welcher das Gezierte, das Spielende und das Sanfte der Schreib„art liebte, eingeschlichen zu haben." Mich dünkt immer als wenn man den in

das

---

*) Pl. 17. und 19.
**) Plinius 19. c. 1.
***) Platte XXI.
†) Plin. 8. c. 17.
††) Der Verfasser der Roma antica e moderna erdreistet sich zu sagen, wie Vitruv versichere, daß das Theater des Marcellus von so großer Schönheit gewesen sey, als zuvor niemals in Rom gesehen worden, er hat aber wohlbedächtig den Ort, wo dieses in den Büchern Vitruvs angetroffen werde, nicht angemerkt. Aller Wahrscheinlichkeit nach wurde dieses Theater erst nach den Lebzeiten Vitruvs aufgeführt.
†††) Geschichte der Kunst, Tom. II. p. 789. W. E.

Zwey und zwanzigster Brief.

das Gezierte, Spielende und Sanfte fallenden Geschmack in der Baukunst bey Anordnung dieses Gebäudes nicht weniger wahrnähme. Sie finden hier das Natürliche, Große, und mit hohen Empfindungen erfüllende nicht, welches die Gebäude aus dem hohen Alterthum so vorzüglich auszeichnet. Wenn ich mich nicht ganz von Vorurtheilen täuschen lasse, so erscheint mir hier mehr der Baumeister von Profeßion, als der Mann von Geschmack; Besonders will mir dieses bey der Dorischen Ordnung an diesem Gebäude einleuchten. Ueberhaupt aber hat auch wohl keine Säule unter den Händen der Baumeister mehr Abänderungen erlitten, als eben die Dorische. Betrachte ich sie so wie sie aus den Händen der Griechen kam, an den Tempeln zu Pestum, an den Tempeln des Apollo zu Delos, des Theseus und der Minerva zu Athen, und halte die in Rom noch vorhandenen Dorischen Säulen dagegen, so finde ich in der ganzen Behandlung derselben einen so auffallenden Unterschied, daß ich schon mehr als einmal auf den Einfall gekommen bin, mir zwo Dorische Ordnungen zu denken, die Dorische Ordnung der Griechen, und eine andre der Römer. Da ich Ihnen aber, mein bester Freund, von unserm heutigen Gegenstand, dem Theater des Marcellus, noch so viel zu sagen habe, so behalte ich mir vor, Ihnen einandermal mit einigen Bemerkungen über die Säulenordnungen — lange Weile zu machen. Ein löblicher Vorsatz!

Von diesem, allem Ansehen und allen Beschreibungen nach, großen Gebäude, hat sich nur ein Stück der äußern Mauer erhalten, welches Sie auf Ihrem Kupferstich und zwar sehr beschädigt erblicken. Den Plan desselben, so wie ihn Balthasar von Siena aufgenommen haben soll, ehe er den Pallast Savelli, welcher den ganzen Raum dieses Theaters einnimmt, erbauete, finden Sie in den Schriften des Serlio, *) und einen diesem ganz ähnlichen Plan hat auch Desgodez seinem Werk über die Römischen alten Gebäude **) beygefügt. Der Raum meines heutigen Schreibens erlaubt mir nicht diesen Plan vor der Hand näher zu betrachten, da dieses zumal ohne Beschreibung der Theater der Alten fast nicht thunlich ist. Ich schmeichle mir aber daß eine nähere Beschreibung der sich erhaltenen Bogenstellungen mit den Säulenordnungen darzwischen, und die Hauptverhältnisse derselben, Ihnen nicht unwillkommen seyn wird. Der große Blondel giebt diese Verhältnisse sehr bestimmt, er hat aber an die wahren Maaße der einzelnen Theile sich nicht immer ganz genau gebunden, um diese Verhältnisse einfacher ausdrücken zu können.

Die

*) Lib. III.
**) Edifices antiques de Rome, p. 291.

Die Dorischen Säulen im untern Stockwerk, welche vor der Hand beynahe bis zur Hälfte unter der Erde vergraben sind, ruhten auf einer fortgehenden hohen Zocke. Sie haben keine Basen und halten im Durchmesser drey Pariser Fuß. Dieser verhält sich zu der Höhe der Säule beynahe wie eins zu achten. Die Verjüngung hebt sich gleich von unten an, und beträgt oben unter dem Kapitäl ein Fünftheil der untern Stärke. Das Kapitäl hat wenig über die Hälfte des untern Durchmessers der Säule zur Höhe, und ist, in Ansehung seiner Glieder und Verhältnisse, von großer Schönheit. Ungeachtet dieses Beyspiels aus dem Alterthum haben doch alle neuere Baumeister diese Verhältnisse abgeändert, die Glieder selbst aber beybehalten. Das Gebälke hält mehr als den vierten Theil der Säulenhöhe, und die Kornische, Frise, und der Architrav desselben verhalten sich wie sieben und dreyßig, fünf und vierzig, und dreyßig gegen einander. Dieses Gebälke gehet sowohl in dieser als in der Jonischen Ordnung darüber ohne alle Verkröpfungen ununterbrochen fort. Die Triglyphen haben den halben Durchmesser der Säule zur Breite, und zwey Drittheil desselben zur Höhe, die Metopen darzwischen aber haben drey Viertheil des Diameters der Säule zur Breite, und formiren also kein vollkommenes Viereck. Von der Kornische haben sich nur die untern Glieder erhalten, ein niedriger Kehlleisten und eine mit Zahnschnitten verzierte Platte, die ohne weitere Bekrönung an die hängende Platte anstößt. Diese letztere ist mit ihren Bekrönungsgliedern gänzlich zerstöhrt, doch haben sich noch einige Stücken erhalten, die zu erkennen geben, daß an dem Platfond der hängenden Platte über jeder Triglyphe achtzehen conische Tropfen in drey Reihen angebracht gewesen sind.

Diese Dorische Säulen haben fünf Durchmesser zur Zwischenweite, und der Schaft hinter der Säule, vor welchem letztere etwas über die Hälfte hervorsteht, verhält sich zu der Oefnung des Bogens wie fünf zu sieben. Die Breite der Bogen aber zu ihrer Höhe wie fünf zu zwölfen. Die Bogen haben keine Einfassungen, die ihnen Serlio und Blondel gegeben haben, und dieses findet auch bey den Bogen in dem Stockwerk darüber statt.

Die Jonische Ordnung verhält sich, die Säulen an und für sich betrachtet, gegen die Dorische beynahe wie dreyzehn zu vierzehn, und die Stärke der Jonischen Säule am Fuß beträgt einen und einen Achtheil Pariser Zoll mehr als die obere Stärke der Dorischen Ordnung darunter. Das Gebälke über der obern Ordnung kann bey dem Verhältniß beyder Säulenordnungen gegen einander nicht in Betrachtung gezogen werden, weil dieses als das Bekrönungsgesimse des ganzen Gebäudes behandelt ist, mit diesem in Verhältniß steht, und daher gegen die

die Säule eine ungewöhnliche Höhe hat. Es verhält sich gegen diese wie drey zu eilfen. Diese Säule hat ihren Durchmesser neunmal zur Höhe, und ihre Verjüngung beträgt den sechsten Theil der untern Stärke. Sie hat die attische Base und das gewöhnliche antike Kapitál, und steht auf einem fortlaufenden Postament, das unter den Säulen hervorspringt, und ohngefähr den vierten Theil der Säule zur Höhe hat. Dieses Postament hat oben eine Versimmsung, unterwärts aber steht dasselbe ohne Zocke gerade auf dem Simms darunter auf.

Von dem obern Gebälke hat sich der aus drey Streifen und einem Kehlleisten mit Riemen darüber bestehende Architrav und die Frise erhalten, von der Kornische aber sind wieder nur die untern Glieder sichtbar. Ein großer mit Eyern und Drachenzungen verzierter Echinus, und über diesem Zahnschnitte, von da aber ein großer Kehlleisten, der bis zur gänzlich zerstörten hängenden Platte hinauf geht.

Das Verhältniß der Breite des Bogens zur Höhe desselben in diesem Stockwerk ist wie neun zu neunzehen, und der Pfeiler verhält sich zur Oeffnung des Bogens, wie zwey zu drey.

Leben Sie wohl, bester Freund, ich muß nur schließen, denn ich glaube würklich daß Sie Erholung bedürfen.

Drey und zwanzigster Brief.

Rom, den 20. September 1768.

Mein Herr,

Mein Gewissen sagt mir, daß ich Ihnen eine Beschreibung der alten Theater noch schuldig bin, und da könnte ich mich freylich am besten aus der Verlegenheit ziehen, wenn ich Sie auf die von dem Marchese Galiani in diesem Jahre herausgegebene Italienische Uebersetzung der Bücher Vitruvs, und zu den Nachrichten unsers Winkelmanns von den neuesten Herkulanischen Entdeckungen geradezu verwiese. Doch will ich lieber in schlechtern Münzsorten Sie selbst bezahlen, als einen Fremden in beßern für mich bezahlen lassen.

Die Entdeckung der Scena des Theaters der Stadt Herkulanum, welche vor sechs Jahren gemacht worden, hat Vitruvs Beschreibung der Römischen und Griechischen Theater *) um vieles deutlicher gemacht. Eine Menge Auslegungen des Vitruvischen Textes werden durch jene Entdeckung zum Theil erklärt, zum Theil

*) Lib. V. c. 3. — 9.

Theil bestätiget, zum Theil auch gänzlich widerlegt. Ueber das Theater, oder den Platz für die Zuschauer war man schon ziemlich einig, von der Scena aber war es vordem ganz unmöglich einen deutlichen Begriff zu geben.

Diese bestand aus dreyen Stücken; Aus der quer über den Schauplatz zuweilen mit unglaublichem Aufwand aufgeführten Facciata, die beständig unverändert blieb, und den Hauptprospekt ausmachte. Im engern Verstand hieß diese Dekoration die eigentliche Scena. Vor der Scena lag das Pulpitum, der Ort wo die vorstellenden Personen auftraten, und zu beyden Seiten desselben erhob sich das Proscenium, welches den Schauplatz gegen das Theater zu endigte.

An der Scena selbst oder jener Facciata im Grunde des Schauplatzes waren zwo, zuweilen auch drey Säulenordnungen über einander angebracht, und drey Thüren führten aus derselben auf das Pulpitum *). Die mittlere dieser Thüren, welche die ihr zu beyden Seiten gelegenen an Größe übertraf, hieß die königliche Thüre. Durch diese traten die Hauptpersonen der Handlung, durch die Thüre zur Rechten die Personen der zweyten Handlung, und durch die andre zur Linken die Nebenpersonen auf. Zween Altäre an der Scena, deren einer dem Bachus, der andre aber der Gottheit, welcher zu Ehren das Schauspiel aufgeführt wurde, gewidmet waren, standen vermuthlich zwischen diesen dreyen Ausgängen innen.

Auf beyden Seiten des Pulpitum waren Kammern für die Schauspieler, und, nach Winkelmanns Meynung, waren es diejenigen Orte, welche Vitruv hospitalia nennt. Aus diesen Kammern führte ein Gang zwischen der Facciata und der äußern Mauer der Scena durch obgedachte drey Thüren auf das Pulpitum. Diese Kammern hatten längliche Räume vor sich, welche nach dem Theater zu durch das Proscenium verdeckt wurden. Diese Räume nennt Vitruv in versuris, und hier waren Maschinen aufgestellt, die eine prismatische Figur hatten, und oben und unten mit eisernen Zapfen versehen waren, welche sich in meßingnen Pfannen bewegten, so daß sie leicht herumgedreht, und vermittelst der auf jeder ihrer drey Seiten befestigten Mahlereyen die Verwandlungen des Schauplatzes bewerkstelliget wurden. Auf einer Seite des herkulanischen Theaters hat sich an diesem Ort ein dergleichen bilico oder Pivot mit einem noch daran befindlichen verbrannten Stück Holz

---

*) In dem vordern Theater der Villa Hadrians zu Tivoli scheint die Scena nur eine und zwar die Dorische Säulenordnung gehabt zu haben, und an der Herkulanischen Scena sind Pilaster mit Feldern darzwischen angebracht, und diese ganze Facciata war mit Marmor bekleidet.

Drey und zwanzigster Brief.

Holz von der mittlern Stange dieser Maschine gefunden. Dieser Eine vorhandene eiserne Zapfen, und der eingeschränkte Raum bewiesen, daß hier nur eine dergleichen Verwandlungsmaschine zu jeder Seite der Herkulanischen Scena gestanden. Galiani hat bey seiner Abbildung der alten Theater drey derselben auf jeder Seite der Scena angebracht *). Da die dreyeckige Figur dieser Gestelle viel Raum wegnehmen mußte, so wird es schwer zu begreifen durch welchen Weg andre auf dem Pulpitum gebräuchliche Maschinen hierher gebracht werden konnten. Ueberhaupt finden sich hier noch Schwierigkeiten, die entweder nie, oder doch nicht anders als durch künftige Entdeckungen gehoben werden dürften. Zu diesen gehören zwo Thüren mit Logen darüber, welche hinter den Versuris sich befanden. Der Endzweck dieser beyden Logen, von denen man, der davorstehenden Maschinen wegen, auf die Scena nicht sehen konnte, ist so leicht nicht zu errathen, und wenn Vitruv sagt, daß durch die zur Linken gelegene Thüre diejenigen Personen auftraten, so aus der Stadt kamen, aus der gegenüberstehenden aber die aus den Hafen zu kommen vorgaben, so dünkt mich sollten diese Thüren dem Zuschauer sichtbar gewesen seyn. Hierzu kommt noch daß jede derselben mit zwo Säulen verziert war, welche Säulen sich auf dem Theater zu Pola in Dalmatien wirklich gefunden haben. Es läßt sich aber in Wahrheit keine Ursache und Absicht von dieser Verzierung denken, wenn jene Thüren hinter den Versuris versteckt lagen. Winkelmann, dessen Beschreibung immer die beste bleiben wird, sahe hiervon die Schwierigkeiten ein, wuste sie aber nicht zu heben.

Das Pulpitum durfte in den Römischen Theatern nicht weniger als zehen und nicht mehr als zwölf Fuß zur Höhe haben, und die vordere Seite desselben nach der Orchestra zu, oder die Wand, welche von dem Fußboden der letztern bis zur Höhe des Pulpitum hinauf gieng, war mit kleinen Statuen besetzt, die in Nischen standen.

Die Orchestra in den Römischen Theatern war ein vollkommener halber Zirkel, auf dessen Durchmesser das Pulpitum sich erhob, von hintenzu aber war sie von den Sitzen der Zuschauer eingeschlossen. Auch hier befanden sich Stufen, die nach dem halben Zirkel gezogen waren, und ohngefehr einen Palm, oder eine Handbreite zur Höhe hatten. Diese Stufen dienten nicht zu Sitzen, sondern es wurden Sessel ange=

---

*) Dieser Autor gedenkt jenes eisernen Zapfens auf dem Herkulanischen Theater nicht, der ihm doch nach Winkelmanns Anzeige nicht unbekannt seyn konnte, und ihm bey seiner Anlage des alten Theaters, die er bloß für wahrscheinlich giebt, sehr zu statten gekommen wäre.

angesehener Personen darauf gestellt, wie man denn auch in dem Herkulanischen Theater eine Sella curulis von Erzte an diesem Orte wirklich gefunden hat. Hier befinden sich dieser Stufen drey, deren jede wenig über einen halben römischen Palm hoch ist. In Rom war die Orchestra dem Senat und den Vestalischen Jungfrauen vorbehalten, und aus dieser Ursache erforderte die Römische Orchestra ein niedriges Pulpitum, damit diejenigen, welche dort saßen, die Bewegungen der vorstellenden Personen, besonders bey den Tänzen bemerken konnten. Bey den Griechen hingegen wurden die Tänze auf der Orchestra selbst aufgeführt, und die Griechische Orchestra war aus dieser Ursache größer als die Römische, und gieng über den Halbzirkel hinaus, daher konnte auch das Griechische Pulpitum mehr Höhe haben, weil hier die Zuschauer nur die übereinander aufwärtssteigenden Sitze des Theaters einnahmen.

Diese Sitze waren, nach der Beschreibung die uns Vitruv davon giebt, bey den Römischen Theatern in drey Absätze eingetheilt, jeder hatte sieben über einander erhöhete Reihen Sitze, *) oberhalb derselben aber gieng eine Gallerie von freystehenden Säulen, dem halben Zirkel der Sitze nach, von einer Seite des Proscenium bis zu der andern. Die untern zween Absätze oder vierzehn Stuffen waren den Rittern eingeräumt, **) die obern aber und die Gallerie darüber dem Volke. Gegen die Orchestra zu war, wie auf den Amphitheatern, eine Erhöhung oder Podium, †) und zwischen den Absätzen der Sitze Gänge, welche Vitruv praecinctiones nennt. Zu dem ersten dieser Gänge führten sieben Ausgänge, ††) zu denen

---

*) Diese Eintheilung der Sitze ist nicht immer die nehmliche. In dem Theater zu Pola waren nur zween Absätze mit einem dazwischen liegenden Gange, und in dem Herkulanischen Theater folgen sechszehen Reihen Sitze ununterbrochen auf einander.

**) Nach Galiani waren die Ordnungen der Plätze nach den Cuneis abgetheilt.

†) Galiani läßt die Sitze bis zur Orchestra herabgehen, weil, wie er sagt, hier die Zuschauer der Gefahr wegen der wilden Thiere, wie in dem Amphitheater, nicht ausgesetzt waren. Wenn aber in die Orchestra die Sessel der Magistratspersonen gesetzt wurden, so würden die auf den untern Stufen des Theaters sitzenden wenig von den handelnden Personen haben sehen können, wenn sie nicht auf einem Podium über jene erhöhet gewesen wären. Der Text Vitruvs, dessen wahre Bedeutung Galiani hier nicht finden kann, scheint aller seiner Einwendungen ungeachtet für meine Meynung zu sprechen.

††) Lipsius a) nennt diese Ausgänge nach dem Macrobius Vomitoria, dieses Wort wird aber in den Schriften Vitruvs nirgends angetroffen.

a) Lipf. de Amphith. p. 31. Macrob. Saturn. 6, 4.

Drey und zwanzigster Brief.

denen man durch Treppen von außen gelangte, und sieben vor jenen Ausgängen zwischen den Sitzen angebrachte Stiegen, die nach dem Mittelpunkt des Zirkels zugiengen, theilten den untern Absatz in sechs gleiche Abschnitte, die hierdurch eine keilförmige Gestalt erhielten, und daher Cunei genannt wurden. Die Ausgänge auf die zweyte praecinctio lagen mit ihren zu den Sitzen herabführenden Stiegen zwischen jenen innen. Zu dem dritten Absatz gelangte man aus den obern Porticken, zu der Orchestra aber durch Thüren in dem sie einschließenden Podium. Die Höhe und Breite der Stufen zwischen den Sitzen war genau die Hälfte der letztern, so daß auf jeden Sitz zwo Stufen kommen. Nach Vitruvs Angeben waren die aufwärts steigenden Sitze des Theaters so angelegt, daß, wenn man von dem untern zum obern eine Schnure zog, die Sitze alle auf einmal von dieser berührt wurden, und es mußten demnach jene praecinctiones, so wie sie mehr Breite hatten, auch höher als die Sitze seyn.

Von außen war das Theater, gleich dem Ampitheater, von offenen Bogengängen umgeben, hinter der Scena aber waren mehrere bedeckte Gänge angelegt, sowohl dem Volke bey einfallenden Regen zum Schutze zu dienen, als zu Anordnung der hernachmals auf der Scena erscheinenden Chöre.

Und nun noch einige Worte von dem Plan des Theaters des Marcellus, welchen Sie in den Schriften des Serlio und Desgodetz finden! Das Theater anlangend scheint er mir sehr glaubwürdig. Ein dieses dem halben Zirkel nach von außen umgebender einfacher Bogengang führt zu Treppen, die den im Kolozeum ganz ähnlich sind. Die Scena aber müßte von außerordentlicher Bauart gewesen seyn, denn anstatt der von Vitruv angegebenen drey Thüren, finden sich hier neunzehen sich ganz gleiche Bogen, zu beyden Seiten des Pulpitum aber zween inwendig mit freystehenden Säulen verzierte Säle. Diese Säle möchten aber wohl der Einbildungskraft des Balthasar von Siena ihr Daseyn zu danken haben, wenn man jedoch die mit neunzehen Bogen durchbrochene Wand nicht für die Facciata der Scena selbst annimmt, sondern für diejenige Mauer, zwischen welcher und der Scena der Gang zu den drey Thüren fortgieng, so wäre es wahrscheinlich, daß zu Balthasars Zeiten von dieser Facciata keine Spur mehr vorhanden gewesen. Der Raum auf diesem Plan erlaubt das ehemalige Daseyn derselben. Bey dem Theater zu Pola in Dalmatien, von welchem Serlio auch einen Plan gegeben, findet sich die Wand hinter der Scena genau wie bey jenem mit Bogen, und hier findet sich die Facciata mit drey Thüren, nach der Anweisung Vitruvs, vor derselben. Ein dritter Plan von einem Theater bey Viterbo, ebenfals von Serlio, zeigt daß die Alten bey der Scena verschiedene Abänderungen in Nebendingen gemacht haben. Hier stehen jene drey Thüren in großen Nischen.

Wundern Sie sich nicht, bester Freund, wenn Sie in meiner Beschreibung zuweilen Widersprüche und Zweydeutigkeiten antreffen, es gehörte wahrlich Muth und Freundschaft darzu mich zwischen den Klippen durchzuwinden, die mir bey dem Studium der alten Theaterkunde fast Schritt für Schritt aufgestoßen sind.

Wenn wir den Schauplätzen der Alten Vorzüge vor den unsrigen einräumen, so dürfte dieses wohl vorzüglich von der Anlage des Theaters, oder den stufenweise übereinander erhöheten Sitzen behauptet werden können. Hier hatten die Zuschauer fast alle gleich gute Aussicht auf die Scena, und welch eine große Wirkung mußten diese Sitze mit dem Portikus oberhalb derselben hervorbringen! Welch ein schicklicherer Platz für den Fürsten und seine Hofstaat als die römische Orchestra! Die so einförmige Einrichtung der Logen macht unsre Schauspielsäle zu jeder regelmäßigen Verzierung unfähig. Nicht uneigentlich vergleicht Cochin *) das Ansehen derselben mit demjenigen, welches die Catacomben haben. Der große Palladio hat sich auch in diesem Fach als Kenner der Alten gezeigt. Sein Theatrum Olympikum zu Vicenz ist ein Beyspiel wie vortheilhaft unsre Theater eine andre Gestalt gewinnen können.

Aber genug von den Theatern und Amphitheatern, die uns, mein bester Freund, so unvermerkt aus dem Campo Vaccino herausgelockt haben. Wir kehren aber über lang oder kurz wieder dahin zurück.

Heute erhalten Sie ein gewiß recht interessantes Blatt **). Sie übersehen hier auf einmal zween sehr alte Tempel, eine ansehnliche Kirche aus den mittlern Zeiten, und, was sie mehr als alles andre befremden wird, ein Stück alte Mauer von dem Pallast, welchen Pontius Pilatus bewohnt haben soll. Daß diese Meynung von einer alten Ruine, vielleicht aus den Zeiten des Diocletianus, eine lächerliche Fabel des gemeinen Volks sey, darf ich Ihnen nicht erst sagen. Verschiedene Zierrathen an dieser Anticaglia, ganz in dem Geschmack der Verzierungen des Pallastes dieses Kaisers zu Spalatro, veranlassen mich, sie in jene Zeiten zu setzen. Sie erblicken dieses merkwürdige Stück ganz im Vordergrunde Ihres Kupferstichs vor dem viereckigen Tempel.

Dieser war, nach dem Dafürhalten der meisten Alterthumskundigen, ein Tempel der Fortuna virilis, andre schreiben ihm dem Jupiter und der Sonne zu.

Er

---

*) Voyage d'Italie, Tom. III. p. 183.   **) Pl. XXII.

Drey und zwanzigster Brief.

Er scheint von einem sehr hohen Alterthum zu seyn, die Basen der Säulen aber haben den Plinthus, welches des le Roy Meynung widerlegte. Die Bauart dieses Tempels ist nach Vitruv Tetrastylos, Prostylos, und Pseudoperipteros, in Ansehung der Säulenweiten aber zwischen dem Systylos und Eustylos. Fünf griechische Worte, die eine Menge Begriffe enthalten, deren Erklärung mehrere Zeilen erfodert. Er ist Tetrastylos, das ist, seine Vorderseite besteht aus vier freystehenden Säulen; Prostylos, er hat ein Pronaos oder Vorhalle vor der Cella; Pseudoperipteros, weil die Säulen sowohl auf den Seiten als an der hintern Wand fortgehen, so daß er gleichsam das Ansehen hat, als ob er mit Säulengängen umgeben wäre, die Mauern der Cella aber gehen zwischen den Säulen fort, so daß nur die Hälfte der letztern vor der Mauer vorstehen. Er stehet zwischen den Systylos und Eustylos innen, weil die Zwischenweiten der Säulen zwey und ein Achttheil des Durchmessers derselben betragen. Bey dem erstern, dem Systylos, stehen die Säulen enger, bey dem letztern aber weiter von einander entfernt. Die mittlere Säulenweite an der Vorderseite oder dem Pronaos ist größer als die übrigen, und beträgt zwey und sieben Zwölftheil der Säulenstärke.

Auf jeder Seite dieses Tempels finden sich sieben Säulen, hiervon kommen zwo auf die Vorhalle und bey der dritten hebt sich die Cella an. Als er zu einer Christlichen Kirche eingerichtet wurde, mauerte man auch die Vorhalle zwischen den Säulen aus. Dieses geschah unter der Regierung des Pabsts Johann des VIII. im Jahr 872. da diese Kirche der heiligen Jungfrau Maria unter dem Namen S. Maria Egyzziaca gewidmet wurde. Neben ihr steht ein Hospital für Armenische Pillgrimme.

Die Jonische Ordnung erscheint hier auf einem um den ganzen Tempel laufenden Postament, welches beynahe ein Drittheil der Säulen zur Höhe hat; Zur Vorhalle führte eine Treppe, die so breit als der Tempel selbst war. Ueber dem Podium oder Postament liegen zwo Stufen die auf allen vier Seiten ununterbrochen fortgehen. Diese zwo Stufen oberhalb dem Podium finden sich auch an einem der Tempel zu Nismes, der gemeiniglich die maison quarrée genennet wird. Oberhalb dieser Stufen stehen die Säulen in obbemerkten Zwischenweiten. Sie haben die Attische Base *) und zwanzig Kannelirungen. Palladio giebt ihnen

vier

---

*) Die von Vitruv beschriebene Jonische Base findet sich an keinem der alten Römischen Gebäude, daß sie aber bey den Griechen üblich gewesen, bezeugt eine Base von dem Tempel der Minerva zu Priend und eine andre von dem Tempel des Apollo Didymäus bey Miletus. Jonian Antiquities Cap. II. Pl. II. C. III. Pl. III.

vier und zwanzig derselben. Ihr Durchmesser am Fuß beträgt zween Pariser Fuß, eilf Zoll, ihre Höhe aber vier und zwanzig Fuß, vier und zwey Drittheil Zoll, ein Verhältniß ohngefähr wie eins zu acht und drey Viertheilen. Die Verjüngung der Säule ist zwischen den fünften und sechsten Theil der untern Stärke. An den Ecksäulen sind die äußern Voluten des Kapitäls, welches das alte Jonische ist, der Diagonallinie des Abakus nach gewendet, so daß zu beyden Seiten gleiche Ansichten entstehen. Die in der Vorhalle aufgeführten neuen Mauern verhindern die Einrichtung des Kapitäls an den hintern Seiten über den freygestandenen Ecksäulen zu sehen, und ungeachtet Palladio eine Zeichnung davon giebt, so ist diese zu anschauender Erkänntniß bey einem so kritischen Umstand doch nicht hinlänglich.

Chambray *) behauptet, daß die Voluten dieser Kapitäler eine ovale Figur hätten, er hat sich aber hierinn, so wie bey Darstellung des Gebälkes darüber, welches dem Original in allen Verhältnissen der Glieder ganz unähnlich, von Andern irre führen lassen. In einer Parallele der alten und neuen Baukunst, wo so viel auf die Genauigkeit ankommt, ist dieses unverantwortlich. Zu seiner Entschuldigung in Betreff der ovalen Voluten muß ich gestehen, daß diese Kapitäler von Stucc und einander sehr ungleich bearbeitet sind, und daß die schlechte Behandlung verschiedener derselben ihm einige davon oval erscheinen lassen konnte, von allen aber dieses zu sagen, ist schlechterdings unmöglich. Mit eben so wenig Grunde merkt jener Autor ein Gleiches von den Kapitälern an dem Theater des Marcellus an. Damit Sie mir aber nicht allein auf mein Wort glauben dürfen, mein liebster Freund, so kann ich mich auch deswegen auf das Zeugniß des großen Blondels **) berufen, welcher bey dieser Gelegenheit verschiedenes Merkwürdige über das Jonische Kapitäl gesagt hat.

Das Gebälke hat nicht ganz den vierten Theil der Säulen zur Höhe, und ist von außerordentlichen Verhältnissen. Die Kornische hat an und für sich mehr Höhe als die Frise und der Architrav darunter zusammen genommen, und ihre Ausladung übertrift noch die Höhe. Das obere Cimatium ist außerordentlich groß, die hängende Platte darunter aber sehr niedrig, und unter dieser befinden sich Zahnschnitte mit einem verzierten Echinus über, und einem Kehlleisten unter denselben. Die Frise ist mit Genien, Kandelabern und Gehängen von Eichelblättern verziert. An dem aus dreyen Streifen bestehenden Architrav ist ein Paternoster

das

*) Parallele de l'Architecture antique & moderne, p. 40. und 42.
**) Cours d'Architecture, Partie II. c. 8. p. 39.

Drey und zwanzigster Brief.

das im Mittel des zweyten Streifen ganz frey vorliegt, anmerkenswerth und das einzige in seiner Art. Verschiedene Glieder dieses Gebälkes sind mit Wahl und Geschmack verziert, diese Zierrathen aber sind von Stucc, und an einigen Orten, wo dieser abgesprungen, finden sich Profile, die denen von Stucc ganz ungleich sind. Dieses gäbe Gelegenheit eine Restauration dieses Tempels zu vermuthen, welche verschiedene Anomalien, und eben nicht schöne Verhältnisse und Profile an diesem Gebälke veranlaßt haben dürfte.

Und der runde Tempel neben jenem, nach einigen ein Tempel der Vesta, nach andern des Hercules, allem Ansehen nach aus den ältesten Zeiten, vor der Hand aber seines erstern Ansehens ganz und gar beraubt! Palladio hat uns ihn ganz wiederhergestellt gegeben, *) ob aber zu seinen Zeiten mehr davon noch gestanden, oder ob er Vitruven und seiner eignen Einbildungskraft bey dieser Darstellung gefolgt, ist zweifelhaft; Bald dürfte ich das letztere vermuthen. Seinem Plan nach war er von der Gattung von Tempeln, welche Vitruv ein rundes Peripteros nennt, mit zwanzig Säulen im Umkreis, und der Cella im Mittel. Der Gang zwischen dieser und den Säulen beträgt beynahe zwo und eine halbe Säulenstärke. Die Säulen sowohl als die Cella sind von weißen Marmor, haben Attische Basen ohne Plinthus, und stehen nach Palladio auf dreyen sehr hohen Stuffen, welche, so wie der untere Theil der Säulen, mit Erde bedeckt sind. Der Durchmesser der Säulen beträgt zween Pariser Fuß, eilf Zoll, die Höhe derselben aber diesen Durchmesser beynahe eilfmal. Ihre Verjüngung hebt sich gleich über der Base an, und beträgt den siebenden Theil der untern Stärke. Der Kanellirungen um die Säule herum sind vier und zwanzig. Vor allem andern zeugt das Kapitäl von dem hohen Alterthum dieses Tempels und ist das Korinthische. Die Höhe desselben beträgt mehr als einen und ein Viertheil des Diameters der Säule. Der Abakus springt auf den Ecken weit hervor und läuft hier ganz spitzig zu, so wie Vitruv **) bey dem Korinthischen Kapitäl zu lehren scheint. Die Schnecken vereinigen sich oben unter diesem nicht, und die Olivenblätter darunter haben sehr ungleiche Höhen, so daß die obere Reihe derselben nur den dritten Theil der untern hoch ist. Anstatt der in jedem Einschnitt dieser Blätter gewöhnlichen fünf kleinern Blätter finden sich hier nur drey.

Von dem Gebälke hat sich gar nichts erhalten, vielleicht ein wahrer Verlust für die Kunst.

Leben Sie wohl.

*) Lib. IV. c. 14.   **) Lib. IV. c. 1.

Vier und zwanzigster Brief.

Rom, den 6. October 1768.

Mein Herr,

Länger kann ich Sie auf die Beschreibung jenes Triumphbogens des Konstantinus Magnus *) nicht warten lassen. Der große Blondel **) hält ihn für den schönsten auf der Welt.

Nach der Meynung der meisten Alterthumskenner ward ein Triumphbogen des Trajans zerstöhrt, um aus dessen Trümmern dieses Monument zu erbauen. Auch Winkelmann bestätigt dieses, wenn er sagt, „daß alles an dem Bogen Kon=„stantins gut sey, was von einem Bogen des Kaisers Trajanus genommen wor=„den" †). So allgemein diese Meynung aber ist, so paradox kommt sie mir bey alledem vor. Halten Sie dieses nicht für Voreiligkeit, bester Freund, niemals würde ich mir einfallen lassen, jenen Gelehrten geradezu zu widersprechen, wenn ich nicht Autorität und Gründe meiner Zweifel angeben könnte.

Daß die schönen daran befindlichen Basreliefs, weder in Ansehung des Styls, noch ihrer Bearbeitung, noch in Ansehung ihrer Gegenstände aus Konstantins Zeiten seyn konnten, brauchte keines Beweises; daß diese aber aus Trajans Zeiten seyn müssen war eben so wenig zu bezweifeln, da jene Vorstellungen aus der Geschichte Trajans genommen waren, und zum Theil Abbildungen seiner Siege über den Decebalus und die Dacier enthalten. Außer dem großen Blondel dachte aber, so viel mir wissend, niemand daran, daß es leichter war den Triumphbogen Trajans stehen zu lassen, wie er nach jenen Siegen von dem Senat errichtet worden, und eine auf den Sieg Konstantins über den Maxentius sich beziehende Innschrift, nebst einigen elenden Bildschnitzereyen daran zu befestigen, als ihn abzutragen, die Stücken sorgfältig wieder zusammen zu setzen, und hieraus einen neuen zu erbauen. Ein Unternehmen, das selbst der geschickteste Baumeister mit der größten Sorgfalt auszuführen nicht im Stande seyn dürfte, wenn man die großen Maßen von Stein, und die bewundernswürdige Genauigkeit in Erwegung zieht, mit welcher diese hier zusammen gesetzt erscheinen. Wer kann dieses aber den ungeschickten Werkleuten zu Konstantins Zeiten zutrauen? Inzwischen müste dieses wirklich geschehen seyn, denn

---

*) Pl. XX.
**) Cours d'Archit. Partie IV. L. 9. c. 10.   †) Geschichte der K. Tom. II. p. 866. W. E.

Vier und zwanzigster Brief.

denn jenes schöne Stück des Alterthums kann so wenig in Ansehung der Baukunst und der ganzen Anordnung überhaupt, als in Betracht der Bildhauerey in diese spätern der Kunst so ungünstigen Zeiten gesetzt werden. In Griechenland vergriff man sich ja schon unter Trajans Regierung an den Statuen ehemaliger berühmter Männer, und begnügte sich die Innschriften an denselben zu ändern, wenn man eines neuern berühmten Mannes Bildsäule aufstellen wollte. Die Statue, welche einen Griechischen Helden vorstellte, ward wider die Aehnlichkeit des Bildes einem Römischen Prätor, oder sonst einer Person zugeschrieben *). Ja man gieng in spätern Zeiten so weit, daß man den Namen eines regierenden Kaisers auf Medaillen von längst vorhergehenden Kaisern zu setzen kein Bedenken trug, ohne auf das Unschickliche dabey zu achten, daß das Bildniß demjenigen, den es vermöge der Ueberschrift vorstellen sollte, gar nicht ähnlich seyn konnte.

Dank sey es indessen der sinnreichen Ignoranz jener Zeiten, daß wir diesen Triumphbogen noch betrachten können! Unter andern Umständen wäre er vielleicht gar nicht mehr vorhanden.

Die Hauptverhältnisse eines Gebäudes von dieser Art sind zu merkwürdig, als daß ich eine nähere Untersuchung und Berechnung derselben mir versagen könnte. Ich begreife ganz leicht, daß diese für Sie, mein gütigster Freund, so unterhaltend nicht seyn kann, als sie für mich bey dem Anschauen des Werks selbst ist, ich gebe sie Ihnen aber dennoch. Wenigstens können Sie, wenn sie wollen, diese Verhältnisse mit denen vergleichen, welche an dem Bogen des Septimius Severus angetroffen werden.

Die ganze Breite des gegenwärtigen Monuments beträgt sechs und siebenzig Pariser Fuß, drey Zoll, die Höhe desselben aber fünf und sechzig Fuß, zehen Zoll. Es verhält sich diesennach die ganze Breite zur ganzen Höhe wie sechs zu fünf, **) zu der Höhe der Säulen-Ordnung aber, mit Inbegriff der Postamente, wie fünf zu drey.

Die Breite der ganzen Maße in eilf Theile getheilt, giebt drey Theile zur Breite des mittlern großen Bogens, und vier Theile jedem der großen Seitenpfeiler, in deren Mitteln die kleinern Bogen durchgehen. Wenn die Breite dieser Pfeiler aufs neue in sechszehen Theile getheilt wird, so kommen hiervon sechs Theile auf die Oefnung der Seitendurchgänge, und fünf Theile auf jeden der vier kleinern Schäfte zwischen

---

*) Winkelmanns Geschichte der Kunst Tom. II. p. 830. W. E.
**) Blondel giebt sie wie 7. zu 6. an, meine Berechnung aber kommt mir richtiger vor, nach dem Maaß der Fuß wäre dieses Verhältniß auf das allergenaueste genommen, wie 183. zu 150.

zwischen den Bogen und an den Ecken. Die Weite der kleinern Bogen ist folglich genau die Hälfte der Weite des Bogens im Mittel.

Vier schöne Korinthische Säulen erheben sich auf jeder Seite dieses Triumphbogens im Mittel der vier Schäfte. Von der Breite dieser Schäfte, in fünf und dreißig Theile getheilt, erhält der Durchmesser der Säule eilf Theile, und zwölf Theile erhalten die geraden Pfeiler zu jeder Seite der Säulen zur Breite. Die Stärke des Mauerwerks, oder die Breite der Seitenansichten des ganzen Gebäudes, ist der Weite des mittlern Bogens gleich. Die Pilaster hinter den Säulen stehen nur um den zehnten Theil ihrer Breite vor dem Mauerwerk heraus, und die Zwischenweite dieser Pilaster und der vor ihnen freystehenden Säulen beträgt sieben Sechstheil ihres Durchmessers.

Von der ganzen Höhe dieses Gebäudes kommen neun Theile auf die Säulenordnung und vier Theile auf die Attike.

Die Säulenordnung selbst theilt Blondel in ein und sechzig Theile. Hiervon kommen sechszehen auf die Höhe des Postaments, sechs und dreißig auf die Höhe der Säule und neun auf das Gebälke. Solchemnach beträgt das Postament vier Neuntheil, und das Gebälke den vierten Theil der Höhe der Säulen. Diese haben ihren Durchmesser neun und ein halbmal zur Höhe, die Zocke unter den Plinthus nicht mitgerechnet, auf welcher sie über dem Postament erhöhet sind. Die Kornische, die Frise und der Architrav verhalten sich wie zehen, acht, und neune gegen einander.

Die Höhen der einzelnen Theile der Attike ergeben sich, wenn man die ganze Höhe derselben in vierzig Theile eintheilt. Hiervon kommen sieben auf die erste Zocke über dem Hauptsimms, zween auf einen glatten Gurt, welcher der untern Zocke zur Bekrönung, der Base der Attike aber zum Plinthus dient, auf die Glieder jener Base aber kommt ein Theil, auf den Würfel ein und zwanzig, drey auf die Versimmsung der Attike, und sechs auf ein über diesem Simms sich erhebendes einer Brüstung ähnliches Gemäuer.

Ueber den Säulen sind Vorsprünge an der Attike, welche dieselbe in drey Abschnitte abtheilen. In der mittlern Abtheilung nimmt eine auf den Sieg Konstantins über den Maxentius gerichtete Innschrift den ganzen Raum des Würfels ein, die Seitenabtheilungen aber über den kleinen Durchgängen sind wieder jede in zwey Felder abgetheilt, welche Basreliefs aus der Geschichte Trajans in sich fassen. Vier vortrefliche Statuen gefangner Könige erscheinen auf jeder Seite des Bogens auf breiten Postamenten über den Säulen. Diese hatten vordem die Köpfe und Hände von Porphir, in neuern Zeiten aber sind diese von weißen

Marmor

Marmor in neuern Zeiten angesetzt worden, weil man die erstern, wie man erzählt, einmal zur Nacht entwendet haben soll.

Die Breite des mittlern Bogens verhält sich zu der Höhe desselben wie fünf zu neun, die Breite der kleinern aber zur Höhe wie fünf zu zwölf.

Und nun, mein Theuerster, kein Wort mehr von diesen Verhältnissen, aber destomehr haben Sie von meinem Enthusiasmus bey einem so schönen Monument zu fürchten. Zu meiner Schande muß ich Ihnen bekennen, daß ich mit der vorgefaßten Meynung, an diesem Triumphbogen nur die Kunst aus Konstantins Zeiten zu finden, schon einigemal bey demselben vorübergegangen war, ohne ihn eben einer nähern Betrachtung werth zu halten. Aber wie sehr wurde mir mein Irrthum fühlbar, da ich mich ihm näherte um die Bildhauereyen zu betrachten, von welchen ich gleichwohl so viel Gutes gehört hatte. Kaum glaubte ich meinen Augen trauen zu dürfen. Wenn ich nicht wüßte, wie wenig Ihnen, mein Theuerster, mit Schmeicheleyen gedient wäre, so würde ich Ihnen sagen, daß ich diese mir gewiß schätzbare Entdeckung Ihnen zu danken habe, daß ich sie später oder wohl gar nicht gemacht haben würde, wenn ich nicht durch unsern Briefwechsel jetzo darzu aufgefordert worden wäre.

Die Postamente der Säulen springen unter diesen vor, und stehen außer ihrem eignen Plinthus auf besondern Zocken, welche sowohl als die Fußgesimse an den Pfeilern fortgehen. Die Würfel derselben haben sowohl auf der Vorderseite als auf den Nebenseiten vertiefte Füllungen mit schönen halberhaben gearbeiteten Figuren. An den Vorderseiten stellen diese Victorien vor, von welchen man den obern Theil noch über der aufgeschütteten Erde hervorragen sieht. Die Kornischen dieser Postamente gleichen denen an dem Triumphbogen des Septimius Severus, und sind den nach schönen Mustern der Alten gebildeten systematischen Bekrönungen des Postaments ganz unähnlich. Sie bestehen aus einem Astragal und einem großen Cimatium mit Riemen darüber. Für ein an jene gewöhntes Auge haben diese Kornischen wohl etwas auffallendes, wie weit sie aber verwerflich oder anwendbar seyn dürften, getraue ich mir vor der Hand nicht zu bestimmen. Sie stoßen an die Pfeiler an, und von da bewegt sich ein glatter Gurt von gleicher Breite mit ihnen um die Pfeiler fort.

Ueber dieser Kornische des Postaments ruhet eine anlaufende Zocke, auf welcher die Säulen aufstehen.

Diese haben Attische Basen mit einem Astragal über dem obern Bunde. Ihr Durchmesser hält zween Pariser Fuß, acht und zwey Drittheil Zoll, und gehet in gleicher Stärke bis zum dritten Theil seiner Höhe fort, und von da hebt sich ihre Verjüngung an, welche oben unter dem Kapitäl noch nicht ganz den achten Theil der untern Stärke beträgt. Die Kanellirungen dieser Säulen sind bis zum dritten Theil von unten mit runden Stäben ausgelegt. Die Kapitäler sind vorzüglich schön gezeichnet und ausgearbeitet.

Schon lange habe ich bey mir nachgedacht, was den Baumeister veranlaßt haben müsse die Pilaster hinter den Säulen beynahe um die Hälfte des Abakus niedriger zu machen als die Säulen selbst. Der fortgehende Architrav wird hierdurch zwischen den Säulen breiter als über denselben. Daß dieses dem Anschauenden beynahe unmerklich ist, kann nicht geläugnet werden, aber welche Ursache kann zu einer so befremdenden Anlage vorhanden seyn? — Wollte er der Säule hierdurch mehr scheinbare Höhe geben? — aus welchem Bewegungsgrunde war diese scheinbare Höhe hier nöthig? —

Der Architrav ist aber überhaupt der schönste Theil dieses Gebälkes eben nicht. Er besteht aus dreyen Streifen und einem nicht schön profilirten Kehlleisten mit Riemen darüber. Die wagrechten Linien der Vorsprünge erheben sich vorwärts ein wenig, wie solches an mehrern alten Gebäuden angetroffen wird, die senkrechten Linien aber ziehen sich oberwärts zurück, und laden am Untertheil weiter aus als oben. An dem ganzen Architrav findet sich kein verziertes Glied, welches mir doch die verzierte Kornische zu fordern scheint.

Daß die Frise ungemein reich verziert war, ist sehr wahrscheinlich, vor der Hand aber sind von dieser Verzierung, welche vermuthlich von Bronze war, nur einige Spuren ihrer Befestigung noch vorhanden. Sie erscheint dahero rauh und unpolirt.

Die Kornische darüber ist einiger Abweichungen ungeachtet von großer Schönheit, und mit Wahl und Geschmack verziert. Sie hat das so wesentliche Cimatium nicht, sondern endigt sich oberwärts mit einer sehr niedrigen hängenden Platte. Unter dieser befinden sich an einer ungewöhnlich hohen Platte Modillonen, und unterhalb derselben Zahnschnitte mit einem Echinus über, und einem Kehlleisten unter denselben.

Die Versimmsungen der Attike sind ohne alle Verzierungen aber von schönen Verhältnissen und Profilen.

Der Kämpfer des großen Bogen ist fast zu reich um schön zu seyn. Er hat alle Glieder einer Kornische, mit Modillonen und Zahnschnitten. An den Modillonen sind, statt des unterhalb derselben sich vorwärts schwingenden Blattes, Adler mit ausgebreiteten Flügeln. Ein unverhältnißmäßig großer ganz glatter Stab liegt zwischen dem graden Pfeiler und jenem reich verzierten Kämpfer, und thut, nach meinem Dafürhalten, hier eine sehr üble Wirkung. Dieser Kämpfer geht bis zu dem zunächst stehenden Pilaster, und da er eine ansehnliche Ausladung hat, die vor den Vorsprung des Pilasters hervortritt, so ist er hier mit dem Pfeiler winkelrecht

Vier und zwanzigster Brief.

kelrecht abgeschnitten. Das Cimatium des Kämpfers geht zwischen den Pilastern und auf der schmalen Seite des Bogens fort. Ueber diesem ist zu Konstantins Zeiten eine fortgehende Frise mit Figuren in dem Styl der damaligen Zeiten, das ist, in dem schlechtesten Geschmack, eingesetzt worden. Der ersten Anlage nach ist über den kleinen Durchgängen zwischen dem fortgehenden kleinem Simms und dem obern Architrav eine viereckige Vertiefung mit zween Medaillons, an den Seiten-Wänden aber eine dergleichen Vertiefung mit einem Medaillon angebracht.

Das Bild des Siegers, welches allem Ansehen nach Trajan seyn soll, erscheint auch hier an dem Schlußstein des großen Bogens, und zwar sitzend.

Innerhalb des mittlern Durchgangs befinden sich auf beyden Seiten vortreflich gearbeitete Basreliefs, das Gewölbe darüber ist ganz glatt und ohne alle Verzierung.

Aber genug von diesem Monument, so viel ich Ihnen auch noch davon zu sagen hätte. Sie müßen mir, dünkt mich, die Unruhe anmerken, mit der ich jedes alte Monument verlaße, und doch rufen andre nicht minder wichtige Gegenstände mich zu ihrer nähern Betrachtung ab. Welch eine Anzahl derselben aber enthält das große Rom!

Ein, meiner Meynung nach, aus den besten Zeiten der Kunst unter den Römern sich noch zum Theil erhaltenes Werk der Baukunst, ohnweit dem Theater des Marcellus, muste meine Aufmerksamkeit, sowohl in Ansehung seiner besondern Anlage, als wegen der vorzüglich schönen Ausführung, vor andern auf sich ziehen. Ich habe die Abbildung davon diesem Briefe beygelegt.

Piranesi benennt dasselbe auf diesem Blatte einen Tempel der Bellona, und folgt hierinnen der Roma antica und moderna. Auf einem andern Blatt hiervon, welches das innere Ansehen dieses Gebäudes darstellet, hat er Atrio del Portico di Ottavia darunter gesetzt. Sie erhalten dieses mit meinem folgenden Schreiben. Er muß also während der Arbeit andrer Meynung geworden seyn. Inzwischen ist diese letztere Benennung diesem Gebäude, seinem Plan und Einrichtung nach, angemeßener als jene. Ich meines Orts halte es für ein Propyläum. Die Griechen waren bey Erbauung dieser Art von Gebäuden, die vor ihren Tempeln angebracht waren, bis zur Verschwendung prächtig. Demetrius Phalereus tadelte den Perikles, daß er so ungeheure Summen auf die Erbauung der Propiläums verschwendet hätte. Prothogenes mahlte das Propyläum vor dem Tempel der Minerva zu Athen aus. *)

Daß diese Propyläums aber den Vorhöfen der Tempel, welche mit Säulengängen umgeben waren, und nicht den Tempeln selbst zum Eingange gedient haben,

*) Plin. 35, 10.

ben, erhellet aus der von Vitruv so genau bestimmten Form und Anlage der Tempel. Augustus erbauete seiner Schwester Octavia zu Ehren zween dergleichen Portiken, einen derselben ohnweit dem Theater des Marcellus, und den andern bey dem Theater des Pompejus. Nach dem Zeugniß des Plinius *) waren es zween Lacedemonische Baumeister, Saurus und Bathrakus, welche die Portiken der Octavia mit den Tempeln innerhalb derselben aufführten.

Der Plan des auf Ihrem Kupferstich erscheinenden Gebäudes, welches solchemnach der Eingang zu dem Forum der Octavia gewesen seyn dürfte, ist ein ablanges Viereck, dessen lange Seiten aus zween Eckpilastern und vier zwischen jenen sich erhebenden freystehenden Säulen bestehen, und mit einem Giebel bekrönt sind. Auf den zwo kürzern Seiten ist dieses Gebäude von zwo gerade aufsteigenden Mauern eingeschlossen, auf welchen das Gebälke fortgehet, in den Mitteln dieser Mauern führten zween niedrige Bogen in daran stoßende Portiken. Von diesen letztern finden sich noch einige Säulen in dem daran erbauten Hause. Eine jener mit Säulen verzierten Seiten hat sich erhalten, die andre aber ist, vielleicht von Septimius Severus, ausgemauert und mit einem großen Bogen versehen worden **). Dieser Kaiser hat, besage der daran noch befindlichen Innschrift ansehnliche Wiederherstellungen hier machen lassen, nachdem dieses Gebäude durch eine Feuersbrunst viel gelitten hatte.

Es scheint, wenigstens nach seiner Wiederherstellung, oben ganz offen und ohne Dach gewesen zu seyn, denn es finden sich keine Spuren an den noch erhaltenen Giebeln, die das ehemalige Daseyn eines Sparrwerks vermuthen ließen. Ueber den Seitenmauern sind die Fugen der marmornen Kornische mit andern Stücken Marmor bedeckt, die auf der auswendigen Seite mit Adlern verziert sind. Von den über den großen Bogen und in dem Fronton erscheinenden Gemählden darf ich Ihnen nicht erst sagen, daß sie in neuern Zeiten daran gesetzt worden.

Verzeihen Sie, bester Freund, daß ich für dießmal so geschwind abbreche. Ich gedenke, vielleicht diese Woche noch, nach Neapel zu gehen. Erlaubt es mir die Zeit, so schreibe ich wenigstens den Anfang meines künftigen Briefs noch in Rom, und aus Neapel erhalten Sie gewiß auch Briefe von mir. Ich reise in Gesellschaft verschiedener Kunstverwandten. Ach möchte es doch in der Ihrigen geschehen können!

*) Plin. 36, 5.
**). Desgodez sagt, daß diese beyden langen Seiten einander gleich erscheinen, und es müßte also dieser Bogen in sehr neuern Zeiten aufgeführt worden seyn, welches mir beynahe unglaublich vorkommt.

Ende des zweyten Bandes.

Veduta della Piaz

№. XII.

x di Monte Cavallo.

.

Veduta del Romano Campidoglio

Scalinata che va alla Chiesa d'Araceli.

Arco di Setti

io Severo.

Veduta del Sito ov era l'an

antico Foro Romano.

Veduta del Tempio di Antonino e

VEDUTA D

PACE.

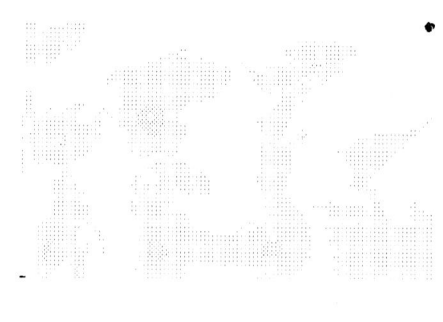

Tempi del Sole e della Luna

1, o come altri, d'Iside e Serapi.

Veduta dell'Arco di Costantino, e d

Tavio detto il Colosseo.

Nº XXI.

Veduta del Tempio

www.ingramcontent.com/pod-product-compliance
Lightning Source LLC
Chambersburg PA
CBHW022127160426
43197CB00009B/1180